JN050383

高校英文法・語法を
ひとつひとつわかりやすく。

Gakken

　数ある本の中からお選びいただき，ありがとうございます。本書は，2013年に刊行（2022年に改訂）した『高校英文法をひとつひとつわかりやすく。』の続編です。前作で学んだ基礎文法に，本書の「語法」を加えることで，読者のみなさんがさらにレベルアップできるように作りました。この本は次のような方にぴったりです。

・高校英語の基礎力を定着させたい高校生や受験生
・基本の文法に「プラスα」の知識を身に付けたい方
・文法や単語のより細かいちがいを理解し，正しく使い分けながら表現したい方

　「文法」とは，文をつくるためのルールです。本書で扱う「語法」とは，単語の使い方や単語と単語のつながりにまつわるルールです。前作では，現在形・過去形などの時制や，SVOなどの文型などについての基礎文法をおさらいしました。本書ではそれらの基礎文法を再確認しながら，しっかり理解しておきたい単語の使い方を練習していきます。例えば，「言う」を表す単語であるsay, tell, speak, talkの使い分けや，前置詞at, on, inの使い分けなど，ちょっと紛らわしいけれど，整頓して理解し，確実に覚えておきたいルールばかりです。本書ではそのような「語法」を理解するための例文や練習問題，そして具体的にイメージしながら記憶するためのイラストを豊富に掲載しました。

　「語法」に関する問題は，学校の定期試験や大学入試，英検®やTOEIC®などの資格試験でもよく出題されます。また，「読む」「聞く」というインプットだけでなく，「書く」「話す」というアウトプットをする場面でも「語法」の知識は必須です。細かい使い分けができることで英語の精度が上がり，表現の幅が広がり，格段に相手に通じやすくなるからです。

　学習を進めるにつれて「覚えることがたくさん…」と感じることもあるかもしれませんが，本書のタイトルにあるように「ひとつひとつ」の項目をくり返し練習することで,記憶に定着していきます。初めはわからなかったことがわかるようになってくること，これが語学学習の醍醐味です。私もこれまで英語学習に多くの時間とエネルギーを注いできましたが，すべてが価値あるプロセスでした。「わかった！」という喜びは，学習を続ける大きな原動力になります。本書を通して，読者のみなさんが英語を理解する喜びを少しでも多く感じてくださったら，著者としてこんなにうれしいことはありません。

富岡　恵

この本の使い方

1回15分，読む→解く→わかる！

1回分の学習は2ページです。毎日少しずつ学習を進めましょう。

> 二次元コードを
> 読み込むと
> スマホで音声を
> 再生できます。
> ☺音声の再生の
> 方法はp005へ

> 左ページは
> 英文法・語法
> の解説です。

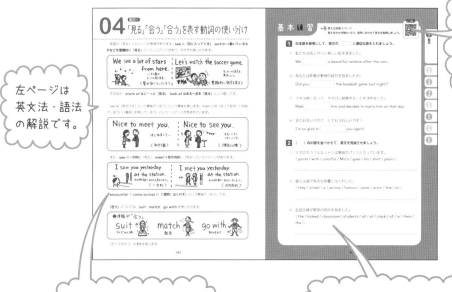

> 英文法・語法の要点がイラスト付きでわかりやすく，丁寧に解説されています。

> 右ページは書きこみ式の練習問題です。左ページで勉強した内容の確認ができます。

答え合わせも簡単・わかりやすい！

解答は本体に軽くのりづけしてあるので，引っぱって取り外してください。問題とセットで答えが印刷してあるので，簡単に答え合わせできます。

解答・解説

答え合わせが終わったら，必ず音読をしよう！

問題を解いて，答え合わせが終わったら…
① 二次元コードやアプリを使って音声を聞きましょう。
② 音声に合わせて読めるようになるのを目標に，音読の練習をしましょう。
音声と同時に音読するのは難しいことです。うまくできなくてもあまり気にせずに，何度もくり返し練習しましょう。

復習テストで，テストの点数アップ！

章末に，これまで学習した内容を確認するための「復習テスト」があります。

☺ おすすめの勉強のやり方

1 まずは「英文法の基本ルール」を確認する！

本編に入る前に，英文法の基本的なルールと用語をチェックしておきましょう。本書を読んでいて，わからないルールや用語が出てきたら，ふたたびこのコーナーに戻って確認するようにしましょう。

①解説
「品詞」「文の種類」など中学で学習した内容の復習と，高校英語でよく登場する用語などを解説しています。

②イラスト・図解
知っておきたい表現や重要なルールは，イラスト・図解や表にまとめて，紹介しています。

2 本編で英文法・語法のポイントをつかむ！

基本ルールや用語を確認したら，いよいよ高校英文法の内容に進んでいきます。本編は，1回分の学習が1見開き（2ページ）で展開します。毎日少しずつ学習を進めましょう。

①解説
まずは，左ページで各項目の用語やポイントの説明を読んで，しっかり理解しましょう。例文やイラストも豊富に掲載しているので，しっかりと英文法・語法のポイントを確認しましょう。

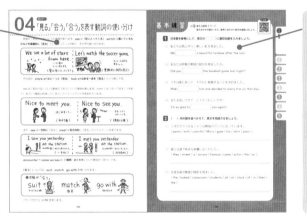

②練習問題
解説を読み終えたら，書きこみ式の練習問題を解いて，内容がしっかり定着しているかどうかを確認しましょう。穴埋め問題や並べかえ問題など，さまざまな形式の問題が掲載されています。

3 復習テストで実力チェック！

章末に，各章で学習した内容を含む問題を掲載した「復習テスト」のコーナーがあります。

①問題

各章で勉強した内容が身についているかを確認できるまとめのテストです。穴埋め問題，並べかえ問題のほか，イラスト描写問題などの応用問題も含んでいるので，力試しとしてチャレンジしてみましょう。

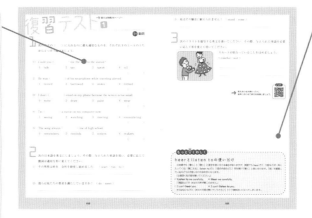

②もっとくわしく

本編で扱いきれなかった発展的な内容をまとめて掲載しています。定期テストによく出るポイントやつまずきやすいポイントをまとめてあるので，確認しておきましょう。

4 音声を活用して復習する！

本書の「基本練習」や「復習テスト」の英文を読み上げた音声をご用意しています。音声を使った「聞く・読む」練習は，英語の基礎力を伸ばす，非常に大切なトレーニングです。問題を解いて，答え合わせが終わったら，毎回必ず音声を聞き，音読するように心がけてください。

①答え合わせが終わったら音声を再生して，まずはよく聞きましょう。

②音声に合わせて読めるようになることを目標に，音読の練習をしましょう。

★ 音声のご利用方法

だれでも・どんなときでも音声を気軽に聞けるように，音声を聞く方法は３通り用意しています。
自分の学習スタイルにあったものを選んで，最大限に活用してください。

① 各ページの二次元コード … インターネットに接続されたスマートフォンやタブレットPCで再生できます。
（通信料はお客様のご負担となります。）
② 音声再生アプリ「my-oto-mo（マイオトモ）」… 右下の枠内のURLよりアプリをダウンロードしてください。
③ MP3形式の音声ファイル … 右の枠内のURLにアクセスし，ページ下方の【高校】から『高校英文法・語法をひとつひとつわかりやすく。』を選択すると，音声ファイルがダウンロードされます。

**https://gakken-ep.jp/
extra/myotomo/**
アプリは無料ですが，通信料は
お客様のご負担となります。

※お客様のネット環境やご利用の端末により，音声の再生やアプリの利用ができない場合，当社は責任を負いかねます。

もくじ 高校 英文法・語法

1章 動詞

2章 名詞・冠詞

3章 代名詞

4章 形容詞

5章 副詞

6 章 前置詞

7 章 接続詞

8 章 その他の重要文法

英語の基本ルール

高校英文法の内容に入る前に，勉強を進めていく上で基本となる用語やルールを確認しておきましょう。はじめから読んでもいいですし，わからない部分があればそこだけ読んでもかまいません。また，本書を読んでいて，基本ルールがわからなくなったら，ここに戻って確認しましょう。

英語の文をつくるパーツ

文が「完成品」だとすると，単語は文をつくるための「パーツ」にあたります。その単語はそれぞれの役割に応じて，次の10種類に分類されます。これを「品詞」といいます。

①名詞：人やもの，ことの名前を表す語です。

②動詞：「〜する」「〜である」のように動作や状態を表す語です。

③形容詞：人やもの，ことの様子や状態を表す語です。名詞や代名詞を修飾します。「修飾」とは飾ること，つまり情報をプラスして，くわしく説明するということです。

④副詞：動詞・形容詞・副詞・文全体を修飾する語です。「程度」「頻度」「様態」などの情報をプラスします。

⑤代名詞：名詞の代わりに使う語です。

　　「あれ，これ」と指で示すときなどに使う「指示代名詞」（this, that など）や，人をさすときに使う「人称代名詞」（I, you, we など）などがあります。

⑥冠詞：名詞の前につく語です。名詞のアタマ（前）に「冠」のようにつく語だと覚えましょう。

　　冠詞には「不定冠詞」と呼ばれる a[an] と「定冠詞」と呼ばれる the があります。後ろに発音が母音（a/i/u/e/o の音）ではじまる単語がくる場合には，a は an になります。

　　不定冠詞 a[an] は「どれでもいいひとつ」（不特定）を表します。the は会話をしているメンバーの中で「これ！」（特定）と決まっていることを表します。

⑦助動詞：動詞の前に置かれ，話し手の気持ちや判断を付け加える語です。

　　例　will（〜だろう），can（〜できる），may（〜かもしれない），should（〜すべきだ）

⑧前置詞：文字どおり，名詞や代名詞の「前に置く語」のことです。名詞や代名詞とセットになって，「時間」「場所」「方向」などを表します。

⑨接続詞：単語と単語，文と文などをつなぐ働きをする語です。

　　接続詞には等位接続詞と従属接続詞があります。

・等位接続詞：単語と単語，文と文などを対等な関係でつなぐ働きをする接続詞。

　　例　and（〜と…），but（しかし），or（または）

・従属接続詞：名詞や副詞などの役割をするカタマリをつくる接続詞。従属接続詞がつくるカタマリは「従属節」と呼ばれ，メインの節（主節）に情報をプラスする働きをします。

　　例　that（〜ということ），when（〜のとき），while（〜するあいだに）

⑩間投詞：驚きや喜びなどの感情や，呼びかけなどを表す語です。

　　例　oh（おお），hi（やあ），wow（うわあ）

単語の役割に関する用語

単語は文の中でさまざまな役割を果たします。ここでは単語の役割を表す用語をまとめておきます。

●主語：「〜は」「〜が」という動作をする人やものを表す単語です。主語になるのは名詞や代名詞です。

●述語動詞：主語の後ろに続いて，「〜する」（動作）「〜である」（状態）などの意味を表す単語です。

●目的語：他動詞や前置詞の後ろに置いて，動作などの対象を表す単語。目的語になるのは名詞や代名詞です。

●補語：主語や目的語に説明を補う単語です。補語になるのは名詞や形容詞です。

●修飾語：文や語句を「飾る」単語，つまり情報をプラスする単語ということです。形容詞や副詞などが修飾語にあたります。

単語のカタマリに関する用語

主語と動詞を含み，ピリオド（.）やクエスチョンマーク（？）で終わるものを「<u>文</u>」といいます。「文」よりも小さな単語のカタマリとして「<u>句</u>」と「<u>節</u>」と呼ばれるものがあります。

●句：〈主語＋動詞〉を含まない，2語以上の単語からできているカタマリのことです。句は名詞，形容詞，副詞の働きをします。

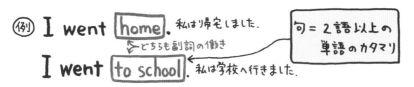

●節：〈主語＋動詞〉を含む，2語以上の単語からできているカタマリのことです。節は名詞，形容詞，副詞などの働きをします。

名詞の種類

英語では，名詞が「数えられるか，数えられないか」ということが強く意識され，「可算名詞」と「不可算名詞」の２種類に分けられます。

●可算名詞：「１つ，２つ…」と数えられる名詞のことです。

可算名詞には単数（１つ[１人]）を表す形（単数形）と，複数（２つ[２人]以上）を表す形（複数形）があります。単数のときは名詞の前に a[an] を置き，複数のときは名詞の語尾に s[es] をつけます。名詞の複数形のつくり方も確認しておきましょう。

基本のルール	語尾に s をつける。 例 book（本）→ books, dog（犬）→ dogs
s,o,x,ch,sh で終わる名詞	語尾に es をつける※。 例 class（クラス）→ classes, box（箱）→ boxes
〈a,i,u,e,o 以外の文字（子音字）＋y〉で終わる名詞	語尾の y を i にかえて，es をつける。 例 country（国）→ countries, city（都市）→ cities
f,fe で終わる名詞	語尾の f,fe を v にかえて，es をつける。 例 leaf（葉）→ leaves, life（生命）→ lives
不規則変化	man（男性）→ men, woman（女性）→ women, child（子ども）→ children などのように不規則に変化する。

※ o で終わる名詞でも，s をつけるだけのものもあります（例：piano → pianos）。

●不可算名詞：具体的な形をもたない名詞（love（愛），happiness（幸せ）など）や気体・液体（water（水）など）や素材・材料（bread（パン），sugar（砂糖），paper（紙）など）を表す名詞です。

不可算名詞には a[an] はつきません。また，複数形にもしません。some（いくらかの）や a lot of（たくさんの）などをつけて量を表すことや，容器や単位などを用いて数えることができます。

代名詞の種類

ここでは「**指示代名詞**」と「**人称代名詞**」について説明します。

指示代名詞には，近くのものを示すときに使う this（これ），these（これら）と，遠くのものを示すときに使う that（あれ），those（あれら）があります。

指示代名詞は単独で使われるほか，名詞の前に置かれることもあります。

例 **this** book（この本），**those** cups（あれらのカップ）

次に人称代名詞について，くわしく見ていきましょう。人称代名詞は文中での働きによって，下の表のように形が変わります。

- ●**主格**：「～は［が］」という意味で，文の主語になるもの。
- ●**所有格**：「～の」という意味で，名詞の前に置いて，所有者（持ち主）を表すもの。
- ●**目的格**：「～を［に］」という意味で，動詞や前置詞などの後ろに置き，目的語になるもの。
- ●**所有代名詞**：「～のもの」という意味で，所有格と名詞を合わせた形。
- ●**再帰代名詞**：-self［-selves］の形で，「～自身」という意味を表す代名詞。

	主格「～は［が］」	所有格「～の」	目的格「～を［に］」	所有代名詞「～のもの」	再帰代名詞「～自身」
私	I	my	me	mine	myself
あなた	you	your	you	yours	yourself
彼女	she	her	her	hers	herself
彼	he	his	him	his	himself
それ	it	its	it	—	itself
私たち	we	our	us	ours	ourselves
あなたたち	you	your	you	yours	yourselves
彼［彼女］ら	they	their	them	theirs	themselves

※ it は人ではなく「それ」という意味で，人以外の生き物やものをさします。また，時間・天候・距離などを表すときに，主語として使うこともあります。

動詞の種類

　動詞は文の形を決定する重要な働きをします。高校英語で学習する「文型」を理解する上で，欠かすことのできない品詞です。種類や意味をしっかり押さえておきましょう。

　英語の動詞は，「be動詞」と「一般動詞」の2種類に分けられます。am, is, are が be動詞で，それ以外の動詞が一般動詞です。

　be動詞は，その前後にくる名詞を「イコール（＝）」でつなぎ，「A＝B」という状態を表します。

　一般動詞は，主に「〜する」という動作を表します。「自動詞」と「他動詞」に分けられます。
　自動詞は「歩く」，「住んでいる」などの完結した動作や状態を表す動詞で，直後に人やものなどを表す名詞（目的語）を必要としません。

　他動詞は「…を〜する」という意味を表します。動詞のあとに，動作の対象となる人やものなどを表す名詞（目的語）を置く必要があります。

文の種類

　英語の文には，①肯定文，②否定文，③疑問文，④命令文，⑤感嘆文の５つの種類があります。肯定文と否定文をあわせて「平叙文」と呼ぶこともあります。

①肯定文：「～だ」「～です」という意味を表す文です。

②否定文：「～ではない」「～しない」という意味を表す文です。否定文では主に not が使われます。

③疑問文：「～ですか？」と会話の相手に質問をする文です。

　疑問文には相手に Yes か No をたずねる「**Yes/No 疑問文**」と，疑問詞を使って相手に具体的な情報をたずねる「**疑問詞疑問文**」の２つがあります。

④命令文：「～しなさい」という命令や「～するな」という禁止を表す文です。

　命令を表す文は動詞の原形（s などがつかない動詞そのままの形）で文を始めます。禁止を表す文は命令を表す文の前に Don't を入れた〈Don't ＋動詞の原形〉で文を始めます。

⑤感嘆文：「なんと～なんだろう」のように，驚きや感動を表す文です。

　〈形容詞＋名詞〉を強調するときは〈What ＋（a [an]）＋形容詞＋名詞＋主語＋動詞！〉，形容詞や副詞を強調するときは〈How ＋形容詞［副詞］＋主語＋動詞！〉を使います。

英語の基本文型

英語の文には〈主語＋動詞〉のカタマリが入っています。動詞の種類により，そのあとに何が続くかがある程度決まっており，そのパターン（＝文型）は次の5つにまとめられます。

①**第1文型＝SV（名詞＋自動詞）**：〈主語＋動詞〉だけで文が成り立ちますが，ふつう，後ろに動詞に意味をプラスするものが続きます。主な動詞は run（走る），smile（笑う）などの自動詞。

②**第2文型＝SVC（名詞＋自動詞＋形容詞［名詞］）**：〈主語＋動詞〉のあとに主語の様子や性質を表す形容詞や名詞（補語）が続きます。主な動詞は be 動詞や become（～になる）などの自動詞。

③**第3文型＝SVO（名詞＋他動詞＋名詞）**：〈主語＋動詞〉のあとに「何［だれ］を」を表す名詞（目的語）が続きます。主な動詞は study（勉強する），have（持っている）などの他動詞。

④**第4文型＝SVOO（名詞＋他動詞＋人を表す名詞＋ものを表す名詞）**：〈主語＋動詞〉のあとに「だれに」＋「何を」を表す名詞が続きます。主な動詞は give（与える），buy（買う）などの他動詞。

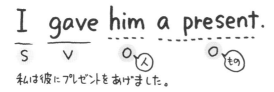 

⑤**第5文型＝SVOC（名詞＋他動詞＋名詞＋形容詞［名詞］）**：〈主語＋動詞〉のあとに「だれを」を表す名詞と「どのように」を表す形容詞や名詞が続きます。主な動詞は call（呼ぶ），make（～にする）などの他動詞。

01 動詞① 「言う・話す」を表す動詞の使い分け

日本語では同じ単語で表現することを，**英語ではいくつかの動詞を使い分ける**ことがあります。使う場面やニュアンスをしっかりと区別していきましょう。ここでは覚えておきたい頻出のものをいくつか紹介します。

「言う・話す」系の動詞は４種類あります。どれもよく使う動詞です。

● say : (セリフなど) を言う : say ＋ セリフ (to人)

Say hello to your family.

あなたの家族に，よろしくお伝えください。(＝ あなたの家族にこんにちはと言って。)

● tell : (ことがらなど) を話す : tell＋人＋ことがら / tell＋ことがら＋to人

Please tell me the truth! / Please tell the truth to me!

私に本当のことを言ってください！

> tellの後ろに「人」がくるときには「誰に言うか」が重要で，「ことがら」がくるときは「何を言うか」が重要。どちらを使うかは，話者が選べます。

● speak : (言語など) を言う・話す : speak ＋ 言語 (to人)・speak to 人

I speak English to my students.

私は生徒たちに英語を話します。

May I speak to Mr. Smith?

(電話などで) スミスさんお願いします。(スミスさんとお話ししてもいいですか。)

● talk : (人) と話す : talk to 人

I talk to my dad every day.

私は毎日父と話します。

ここで紹介した例文をそれぞれの「型」として覚えておくのがオススメです。迷ったときに使い分けを思い出しやすくなります。

基本練習

→ 答えは別冊 2 ページ
答え合わせが終わったら，音声に合わせて英文を音読しましょう。

1 （　　）内から適するものを選び，○で囲みましょう。

(1) あなたの都合の良い日時を私に教えてください。

(Tell / Talk) me a date and time which is convenient for you.

(2) その番号をもう一度言っていただけますか。

Could you (say / tell) the number again, please?

(3) あなたは家で韓国語を話しますか。

Do you (say / speak) Korean at home?

(4) オオタさんは今お客さんと話しています。

Ms. Ota is (talking / saying) to her client now.

2 （　　）内の単語を用いて，日本文を英文にしましょう。必要に応じて，動詞は適切な形に変えましょう。

(1) ユキエは彼女の娘について何か言っていましたか。(say / anything)

----

(2) 彼は私たちに彼の家族の長い歴史を話しました。(tell / history)

----

(3) この部屋の中では静かに話してください。(speak / quietly)

----

02 動詞② 「貸し借り」「盗む」を表す動詞の使い分け

使い分けを見極めておきたい動詞，次は **「貸し借り」** です。日本語にはない **「お金を払うかどうか」** という使い分けのポイントにも注目しましょう。

● borrow「〜を借りる」　　● lend「(人に)〜を貸す」

I borrowed her pen. 　 She lent me her pen.

私は彼女のペンを
借りました。

彼女は私にペンを
貸してくれました。

サンキュ　　いいよ〜

 動かせない物の場合 borrow を使わず use にします。

May I use the bathroom?
トイレを借りてもいいですか。

● rent「〜を賃借りする、〜を賃貸しする」

Let's rent a meeting room in Shibuya.

渋谷で会議室を
借りましょう。

お金を払う場合，「貸す」も「借りる」も同じ rent を使います。「貸し出す」という方の意味の場合，rent の後ろに out を入れることもあります。また，名詞 rent には「家賃」や「貸出料」の意味があります。

「盗む」は次の２つ。**後ろに置く単語が「人」なのか「もの」なのかが大きなちがいです。**

● rob 強盗する：rob+人+of+もの　● steal 盗む：steal+もの

Someone robbed me 　 Someone stole my wallet!
of my wallet!

誰かが私から
財布を盗みました！

誰かが私の財布を
盗みました！

基本練習

→ 答えは別冊 2 ページ
答え合わせが終わったら，音声に合わせて英文を音読しましょう。

 1章 動詞

 2章

 3章

 4章

 5章

 6章

 7章

8章

1 日本語を参考にして，英文の □□□ に適切な語を入れましょう。

(1) 彼は先週，1日 7700 円でレンタカーを借りました。

He [ ] a car for 7,700 yen a day last week.

(2) 彼はこの自転車を友達から借りたのですか。

Did he [ ] this bicycle from his friend?

(3) ルパンはあの有名な絵画を盗みました。

Lupin [ ] the famous picture.

(4) 誰がその女優から宝石を強盗しましたか。

Who [ ] the actress of her jewelry?

2 （　）内の語句を並べかえて，英文を完成させましょう。

(1) 私は図書館から3冊本を借りました。

(from / borrowed / I / three / library / books / the).

---.

(2) そのホテルは主に観光客向けに部屋を貸しています。

(hotel / tourists / rents / the / its / mainly / to / rooms).

---.

(3) スギヤマさんはアオヤマさんに昨日傘を貸しましたか。

(yesterday / did / lend / her / umbrella / Ms. Aoyama /
Ms. Sugiyama)?

---?

03 動詞③ 「書く・描く」「着る」を表す動詞の使い分け

次に「**書く・描く**」を紹介します。これらは日本語でも英語でも使い分けます。

● write（文字）を書く

Write your name here.
ここにあなたの名前を書いてください。

● draw（ペンなどで 線・円など）を描く

Draw a straight line here.
ここにまっすぐな線を描いてください。

● paint（絵の具などで〜）を描く、塗る

Paint a picture of an apple here.
ここにりんごの絵を描いてください。

ただし「**リストを作成する**」という時は，**draw a list** と言います。また，draw には「引く」「引き出す」「引き寄せる」という意味もあります。

▶ The singer will **draw** attention from all over the world.
（その歌手は世界中で注目を集めるでしょう）

次に「着る」の使い分けです。同じ「着る」でも，wear は「**身につけている**」という**状態**を表し，**put on** は「**身につける**」という**動作**を表します。

She is wearing a jacket. | He is putting on a jacket.

彼女はジャケットを
着ています。

<身につけているという状態>

彼はジャケットを
着ているところです。

<身につけているという動作>

反対語の「**脱ぐ**」は **take off** です。**put off** は「**延期する**」という意味になるのでご用心。
ちなみに **take off** には「**離陸する**」という意味もあります。

基本練習

→ 答えは別冊 3 ページ
答え合わせが終わったら，音声に合わせて英文を音読しましょう。

1 （　）内から適するものを選び，〇で囲みましょう。

(1) ナカムラさんは家を出る前にジャケットを着ています。
Mr. Nakamura is putting (on / off) a jacket before leaving home.

(2) まず，まっすぐな線を描いてください。
First, please (write / draw) a straight line.

(3) 式典の前に帽子を脱ぐべきです。
You should take (on / off) your hat before the ceremony.

(4) 彼女はかわいい制服が着たかったのでこの高校に選びました。
She chose this high school because she wanted to (wear / put) its cute uniform.

2 （　）内の単語を用いて，日本文を英文にしましょう。

(1) これらのカラフルなペンで何枚か絵を描きましょう。(let's / with)

----

(2) マリはパーティの後 , ソーシャルメディアにレポートを書く予定です。
(will / report)

----

(3) 日本人は玄関で靴を脱ぎます。(take / entrance)

----

04 動詞④ 「見る」「会う」「合う」を表す動詞の使い分け

英語の「見る」にもいくつか表現があります。**see** は「目に入ってくる」，**watch** は**動いているも**のなどを意識的に「見る」というニュアンスがあり，それぞれ使い分けます。

そのほか，**stare at** はじーっと「見る」，**look at** はある一点を「見る」という感じです。

see は「見かける」という意味の「会う」という意味も表します。meet には「会って話す」「(初めて)会う」「(事前に約束して)会う」というニュアンスが含まれています。

また，**see** は**一方的**に「見る」，**meet** は**双方向的**に「見る」というイメージがあります。

encounter や **come across** は「**(偶然)出くわす**」という意味の「会う」です。

「合う」については，**suit**，**match**，**go with** を使い分けます。

「サイズが合う」は **fit** を使います。

基本練習

➡ 答えは別冊 3 ページ
答え合わせが終わったら，音声に合わせて英文を音読しましょう。

1 日本語を参考にして，英文の □ に適切な語を入れましょう。

(1) 私たちは雨上がりに美しい虹を見ました。

We _____ a beautiful rainbow after the rain.

(2) あなたは昨晩の野球の試合を見ましたか。

Did you _____ the baseball game last night?

(3) マキは彼に会って，その日に結婚することを決めました。

Maki _____ him and decided to marry him on that day.

(4) またお会いできて，とてもうれしいです！

I'm so glad to _____ you again!

2 （ ）内の語を並べかえて，英文を完成させましょう。

(1) ミオのカラフルなシャツは無地のパンツと合っています。

(pants / with / colorful / Mio's / goes / his / shirt / plain).

--.

(2) 彼らは道で有名な俳優に出くわした。

(they / street / a / across / famous / came / actor / the / on).

--.

(3) 生徒全員が教室の時計を見ました。

(the / looked / classroom / students / all / at / clock / of / in / their / the).

--.

05 動詞⑤ 「思い出す」「気づく」を表す動詞の使い分け

「思い出す」という意味の動詞については，特に remember と remind の使い方に注意しましょう。
remember「思い出す」は "remember + to 不定詞" で「(これから) ～することを覚えている」，
"remember + 動名詞 (-ing)" で「(以前) ～したことを覚えている」という意味になります。

Don't worry. I'll remember to lock the door.

大丈夫。ドアを閉めることを覚えています。

Don't worry. I remember locking the door.

大丈夫。ドアを閉めたことを覚えています。

"remind 人 of 出来事" で「人に出来事を思い出させる」，"remind 人 to 不定詞" で「人に～することを思い出させる」という意味になるのが remember との大きなちがいです。

This photo reminds me of my happy childhood.

この写真は私の幸せな子ども時代を思い出させます。

This photo reminds me to thank my family.

父さん母さんありがとう

この写真は私の家族に感謝することを思い出させます。

出来事の中でも，やらなくてはいけないことの場合は，of の代わりに about を使います。

▶ Thank you for reminding me **about** the meeting.(会議のことを思い出させてくれてありがとう)

「気づく，思いつく」という意味の動詞で使い分けたいのは realize, notice, recognize の３つ。どれも「気づく」ですが，**realize** は「**考えて気づく**」，**notice** は「**五感で気づく**」，**recognize** は「**知っていることについて気づく，認識する**」という違いがあります。

He didn't realize (that) his teacher worried about him.

彼は先生が彼を心配していることに気づきませんでした。

He didn't notice (that) his teacher was standing behind him.

彼は先生が背後に立っていることに気づきませんでした。

He didn't recognize his teacher because he had changed his hairstyle.

え？

彼は先生が髪型を変えたので先生だと気づきませんでした。

基本練習

→ 答えは別冊4ページ
答え合わせが終わったら，音声に合わせて英文を音読しましょう。

1 ( ) 内から適するものを選び，〇で囲みましょう。

(1) お土産を買うことを思い出させてください。

Please (remember / remind) me to buy some souvenirs.

(2) 私たちが初めて会った日を覚えていますか。

Do you (remember / remind) the day we met for the first time?

(3) ミカはスタイルを変えたので，私は彼女に気づきませんでした。

Mika changed her style, so I didn't (realize / recognize) her.

2 日本語を参考にして，英文の ____ に適切な語を入れましょう。

(1) オニールさんが歌っているのに気づきましたか？

Did you ____ Ms. O'Neal was singing?

(2) その写真は私たちのハワイ旅行を思い出させます。

That photo reminds me ____ our trip to Hawaii.

(3) あなたは中学校を卒業した日を覚えていますか。

Do you ____ the day you graduated from junior high school?

(4) あなたは必要なもの全てを持っていることに気づくべきです。

You should ____ that you have everything you need.

06 動詞⑥ 意外な意味をもつ動詞

よく知られている意味とは少々異なる，意外な意味をもつ動詞を紹介します。日本語でもカタカナ語としてお馴染みの英単語が多いので，しっかり確認しておきましょう。

単語	意外な意味		そのほかの意味	
address	他動詞	述べる	名詞	住所
book	他動詞	予約する	名詞	本
charge	他動詞	請求する	動詞 充電する 名詞 充電・責任	
fire	他動詞	解雇する	名詞	火
last	自動詞	続く	形容詞	最後の
long	自動詞	願う	形容詞	長い
matter	自動詞	重要である	名詞	事柄・問題・物質
meet	他動詞	満たす	他動詞	会う
run	他動詞	経営する	自動詞	走る
stand	他動詞	耐える ※ can't stand で頻出	自動詞	立つ
ship	他動詞	輸送する	名詞	船
text	他動詞	テキストメッセージを送る	名詞	文章
work	自動詞	うまくいく	自動詞	働く

I love this book.
（名詞として）

私はこの本が大好きです。　いいよね〜

Let's book this hotel.
（動詞として）

このホテルを予約しましょう。　ポチ

I run every morning.
（自動詞として）

私は毎朝走ります。

I run my bakery.
（他動詞として）

私はパン屋を経営しています。

基本練習

→ 答えは別冊4ページ
答え合わせが終わったら，音声に合わせて英文を音読しましょう。

1 （　）内から適するものを選び，〇で囲みましょう。

(1) 当社はお客様からのご要望にお応えしたいと思います。

We'd like to (meet / address) the requests from our customers.

(2) タケモトさんは衣料品店を10年経営しています。

Mr. Takemoto has (run / walk) his clothing shop for ten years.

(3) そこに着いたら携帯でメールします。

I'll (text / ship) you when I get there.

(4) その会議はどのくらい続きましたか？

How long did the meeting (last / expect)?

2 （　）内の語を並べかえて，英文を完成させましょう。

(1) その店は送料を請求しませんでした。

(charge / any / shop / didn't / shipping / the / costs).

--.

(2) 今夜，2人席を予約しましたか？

(tonight / you / seats / booked / have / for / two)?

--?

(3) CEOは従業員を解雇しないことに決めました。

(not / decided / to / any / fire / the / employees / CEO).

--.

復習テスト

→ 答えは別冊26ページ～

1章 動詞

1

次の英文の（　　）に入れるのに最も適切なものを，それぞれ下の①～④のうちから1つずつ選びましょう。

(1) Could you (　　　　　) me the way to the station?

① talk ② say ③ speak ④ tell

（　　　）

(2) He was (　　　　　) of his smartphone while traveling abroad.

① rented ② borrowed ③ stolen ④ robbed

（　　　）

(3) I don't (　　　　　) email on my phone because the screen is too small.

① write ② draw ③ paint ④ wear

（　　　）

(4) I'm (　　　　　) a movie on my computer now.

① seeing ② watching ③ meeting ④ encountering

（　　　）

(5) The song always (　　　　　) me of high school.

① remembers ② reminds ③ notices ④ realizes

（　　　）

2

次の日本語を英文にしましょう。その際，与えられた単語を用い，必要に応じて動詞は適切な形に変えてください。

(1) その男性は昨年，会社を経営し始めました。 （ start / run / to ）

----

(2) 彼らは私たちの要求を満たしていますか？ （ do / meet ）

----

(3) 私はその騒音に耐えられません！ （ stand / noise ）

3

次のイラストを描写する英文を書いてください。その際，与えられた単語を必要に応じて形を変えて用いてください。

スカートが似合っていることをほめましょう。

（ colorful / suit ）

→ 答え合わせが終わったら，
音声に合わせて英文を音読しましょう。

🎧07

もっと くわしく

hear と listen to の 使 い 分 け

　日本語でも「聞く」と「聴く」と漢字を使い分ける場合がありますが，英語でも hear だと「(音などが) 耳に入ってくる」「聞こえる」，listen to だと「(話の内容などに) 耳を傾けて聴く」と使い分けます。「音」を意識しているかどうかが使い分けの決め手になります。

　「注意深く私の話を聞いてください。」

○ **Listen to** me carefully.　　× **Hear** me carefully.

　「(電話などで) あなたの声が聞こえません。」

○ I can't **hear** you.　　× I can't **listen to** you.

　※ listen to だと「あなたの話は聞いていられない」という意味合いになってしまいます。

07 名詞・冠詞① 可算名詞，不可算名詞とは

英語で人やものを表す名詞を使うとき，**ひとりふたり，ひとつふたつと数えられるかどうか**で区別します。数えられるものは「**可算名詞**」，数えられないものは「**不可算名詞**」と呼ばれます。

可算名詞は単数・複数の区別があり，単数のときは名詞の前に冠詞 a / an を置き，複数のときには基本的に語尾に -s をつけ加えます。-s だけではなく -es を付ける単語（単数 glass →複数 glasses）や，形が変わるもの（単数 man →複数 men / 単数 leaf →複数 leaves）もあります。「たくさんの〜」という場合は many を前に置きます。

不可算名詞には単数・複数の区別がなく，前に a / an を置くことはできず，語尾には何も付けません。「たくさんの〜」という場合には，much を置きます。some / any「いくらかの」，a lot of「たくさんの」は可算名詞でも不可算名詞でも使うことができます。

可算名詞は，他のものと「別のもの」という区別が明確なのが特徴で，不可算名詞は，その区別がはっきりしないのが特徴です。

日本語にはない分け方なので次のイラストにある典型例を覚えておいて，個々の単語が可算名詞か不可算名詞かを見分けるときのヒントにしてみてください。

●可算名詞あれこれ

●不可算名詞あれこれ

1 （ ）内から適するものを選び，〇で囲みましょう。

(1) 私たちは世界に平和をもたらすためにお互いを尊重しなければなりません。
We must respect each other to bring (peace / peaces) to the world.

(2) 彼女は美しい眼鏡をたくさん持っています。
She has a lot of beautiful (glass / glasses).

(3) ミホは今日，ひとつの会議とふたつの授業に参加する予定です。
Miho will attend a (meeting / meetings) and two (class / classes) today.

(4) 彼らは他のチームについて多くの情報を持っていませんでした。
They didn't have (many / much) information about other teams.

2 （ ）内の語句を並べかえて，英文を完成させましょう。

(1) たくさんの車が一列に並んでいます。
(a lot of / a / up / are / in / lined / row / cars).

_____.

(2) より多くの女性が私の会社内のチームリーダーになるべきです。
(in / women / more / should / team / my / leaders / company / become).

_____.

(3) マサミは仕事のせいで昨日あまり眠っていません。
(didn't / work / sleep / get / Masami / yesterday / much / due to).

_____.

08 名詞・冠詞② 注意したい可算名詞と不可算名詞

意味だけを見ると可算名詞のようでも，実は不可算名詞という単語があります。冠詞の a をつけたり，語尾に s をつけたりしません。種類の違うものをひっくるめたような名詞は不可算名詞です。

people / police / cattle はそれぞれ人・警察官・家畜の牛が**複数でひとまとまり**というイメージなので，複数扱いです。

○ The police are looking for the suspect.（警察はその容疑者を探しています）

（✕ The police is ～）

名詞の中には，**可算名詞でも不可算名詞でも使えるもの**があります。ただし，表す意味が少々異なるので注意が必要です。

使い分けに注意！	work	cake	chicken
可算名詞	**works** 作品	**a cake** ケーキまるごと1ホール	**a chicken** 鶏肉一羽
不可算名詞	**work** 仕事	**two pieces of cake** ケーキ2切れ	**chicken** 鶏肉

基本練習

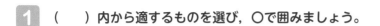
→ 答えは別冊 5 ページ
答え合わせが終わったら, 音声に合わせて英文を音読しましょう。

 名詞・冠詞

1 ( ) 内から適するものを選び, 〇で囲みましょう。

(1) 引っ越してから新しい家具を手に入れました。

They got new (furniture / furnitures) after moving.

(2) 最近, 彼女は仕事で忙しいです。

Recently, she has been busy at (work / works).

(3) コガさんは子供たちと一緒にチキンカレーを食べました。

Ms. Koga ate (a chicken / chicken) curry with her children.

(4) 私たちは幸せに暮らすのに十分なお金を持っています。

We have enough (a money / money) to live happily.

2 日本語を参考にして, 英文の　　　　　に適切な語を入れましょう。

(1) カキウチさんは家族と一緒にケーキ 4 切れを食べました。

Mr. Kakiuchi ate four _____ of _____ with his family.

(2) 自分でジュエリーを購入したことはありますか?

Have you ever bought any _____ for yourself?

(3) このシェアハウスにはさまざまな人々が住んでいます。

Various kinds of _____ live in this shared house.

09 使い分けに注意したい名詞

日本語では同じ単語で表現することでも，英語ではいくつかの名詞を使い分けることがあります。「客」と「料金」を表す名詞は頻出なので，使う場面やニュアンスをしっかりと区別して覚えておきましょう。

「客」を表す名詞

英語の「客」はさまざま。内容に合わせて使い分けを！

customer
（商品を買う）消費者

client
（サービスなどを受ける）顧客

guest
（パーティなどに来る）訪問客

visitor
（美術館などに来る）来場者

audience
（コンサートなどの）観客

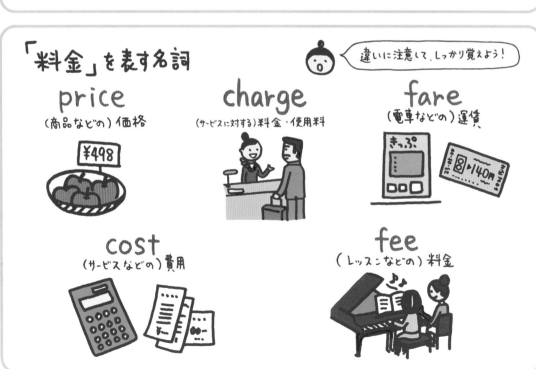

「料金」を表す名詞

違いに注意して，しっかり覚えよう！

price
（商品などの）価格

charge
（サービスに対する）料金・使用料

fare
（電車などの）運賃

cost
（サービスなどの）費用

fee
（レッスンなどの）料金

基本練習

→ 答えは別冊 5 ページ
答え合わせが終わったら, 音声に合わせて英文を音読しましょう。

1 日本語を参考にして, 英文の [____] に適切な語を入れましょう。

(1) ナナの誕生日を祝うために5人のお客さんが彼女の家に来ました。

Five [____] came to Nana's house to celebrate her birthday.

(2) ほとんどのお客様が当社の配達サービスに満足しています。

Most [____] are satisfied with our delivery service.

(3) バス料金は来月変更されます。

Bus [____] will change next month.

(4) ユウコは授業料をそのウェブサイトで調べました。

Yuko looked up the tuition [____] on the website.

2 ( ) 内の語を並べかえて, 英文を完成させましょう。

(1) 私の購入品の送料を教えてください。

(me / shipping / tell / cost / my / for / purchase / the).

_____ .

(2) 今日は美術館を訪れる人がとても多いです。

(museum / are / so / there / visitors / to / the / many) today.

_____ .

(3) コンサートの間, 聴衆はとても興奮していました。

(excited / the / was / during / very / the / concert / audience).

_____ .

035

10 冠詞の種類

英語で名詞を使うときに，いつも気にしたいのが「冠詞」です。日本語にない要素なので，どの冠詞を使うのか基本的なルールをしっかり確認しておきましょう。

冠詞は **a / an / the** の3つだけ。分類と基本的な選び方は次の通りです。

> ・不定冠詞：a / an（名詞の発音が a, i, u, e, o の母音で始まる時は an）
> ・定冠詞：the（名詞の発音が a, i, u, e, o の母音で始まる時は発音が「ダ」→「ディ」に変化）

	a / an	the
特定	できない	できる
登場回数	1回目	2回目以降
聞き手	知らない	知っている
単数・複数	単数のみ	両方 OK

定冠詞 the については以下の応用ルールも覚えておくと，理解の幅が広がります。

1 （　　）内から適するものを選び，〇で囲みましょう。

(1) 彼は私に有名な本をくれました。その本はとても貴重です。

He gave me (a / an / the) famous book. (A / An / The) book is very valuable.

(2) ここに署名してください。ペンはありますか？

Please sign here. Do you have (a / an / the) pen?

(3) その話を聞いたのを覚えています。

I remember you told me (a / an / the) story.

(4) エリコはオレンジ1つとリンゴを2つ買いました。

Eriko bought (a / an / the) orange and two apples.

2 日本語を参考にして，英文の　　　　　に適切な語を入れましょう。

(1) サングラスをかけずに太陽を見ないでください。

Don't look at 　　　　　 sun without wearing 　　　　　 pair of sunglasses.

(2) 1990年代，カトウ家は，ある都市部に住んでいました。

In 　　　　　 1990s, 　　　　　 Katos lived in 　　　　　 urban area.

(3) 私はその駅で男性が年配の女性を手伝っているのを見ました。

I saw 　　　　　 man helping 　　　　　 elderly woman at 　　　　　 station.

11 名詞・冠詞⑤ 冠詞をつけない場合のルール

単数形の名詞なのに，a / an の不定冠詞をつけない場合があります。

① 固有名詞：人名・地名・月・曜日など大文字始まる名詞

② 具体的なイメージができないもの

③ 名詞が具体物ではなく動作・目的・機能を示すとき

「〜が好き」というときは，a / an ＋単数形ではなく，無冠詞の複数形を使うのが自然です。

基本練習

→ 答えは別冊7ページ

答え合わせが終わったら，音声に合わせて英文を音読しましょう。

1 （　）内から適するものを選び，〇で囲みましょう。

(1) 7月にノリコはニューヨークに行きました。

In (July / a July / the July), Noriko went to (New York / a New York / the New York).

(2) 夕食に魚を食べましょう。

Let's eat (a fish / the fish / fish) for dinner.

(3) あなたは普段は何時に寝ますか。

What time do you usually go to (a bed / the bed / bed)?

(4) あなたはリンゴが好きですか。

Do you like (apple / an apple / apples)?

2 （　）内の語を並べかえて，英文を完成させましょう。

(1) 彼女は友達と電車で通学しました。

(went / she / to / by / her / school / train / with) friends.

_____ friends.

(2) タダさんご一家は1年前に東京に引っ越しました。

(Tokyo / to / moved / Tadas / a / ago / the / year).

_____ .

(3) 私は月を見上げて写真を撮りました。

(and / looked / I / up / took / at / photo / the / moon / a).

_____ .

復習テスト ②

答えは別冊27ページ〜

2章 名詞・冠詞

1

次の英文の（　　）に入れるのに最も適切なものを，それぞれ下の①〜④のうちから1つずつ選びましょう。

(1) There are (　　　　) people in the concert hall.

① a　　　　　② an　　　　　③ many　　　　　④ much

（　　　　　）

(2) The artist displayed some of her (　　　　) on the wall.

① work　　　　② works　　　　③ working　　　　④ worked

（　　　　　）

(3) How many (　　　　) came to the museum last month?

① customers　　② visitors　　③ guests　　④ audience

（　　　　　）

(4) Could you tell me the bus (　　　　)?

① price　　　　② fare　　　　③ cost　　　　④ fee

（　　　　　）

(5) This is a book for (　　　　).

① a young　　② an young　　③ the young　　④ young

（　　　　　）

2

次の日本語を英文にしましょう。その際，与えられた単語を用い，必要に応じて動詞は適切な形に変えてください。

(1) 多くの学生は電車で通学しています。　（ many / train ）

----

(2) 私たちは昨日の夕食に鶏肉を食べました。　（ eat / dinner ）

----

(3) 運動後はグラス一杯の水を飲んでください。　(glass / exercise)

3

次のイラストを描写する英文を書いてください。その際，与えられた単語を用い
てください。

姉と自分の好みの違いを表しましょう。

(sister / like)

→ 答え合わせが終わったら，
音声に合わせて英文を音読しましょう。

もっと くわしく

「１つにつき」を表す a / an

　不定冠詞の *a/an* には，直前に回数を示す表現を伴って「１つの〇〇につき」という意味を表すことができます。
以下，頻出表現を確認してみましょう。

- once **a** week（週に１回）
- twice **a** month（月に２回）
- three times **a** year（年に３回）
- four people **a** class（１クラスに４人）
- several times **an** hour（１時間に数回）

12 代名詞① 使い分けに注意したい代名詞①

名詞をさして「これ」「それ」などと表す代名詞。同じ単語の重複を避けたがる英語では頻繁に使われます。どういう状況で，何をさすかによって使い分けが必要になります。

other にまつわる語法は状況によって使い分けます。

• one - the other
(あるひとつに対して)もうひとつ

I have two bags.
One is white, and
the other is black.

私はバッグを2つ持っています。
ひとつは白でもうひとつは黒です。

• one - the others
(あるひとつに対して)それ以外

全部で3つ以上！

I have three bags.
One is white, and
the others are black.

私はバッグを3つ持っています。
ひとつは白で残りの2つは黒です。

• some - others
(いくつかに対して)その他

Some like white,
and others like
black.

白が好きな人もいれば
黒が好きな人もいる。

基本練習

→ 答えは別冊 7 ページ

答え合わせが終わったら，音声に合わせて英文を音読しましょう。

1 日本語を参考にして，英文の に適切な語を入れましょう。

(1) チームメンバーの中で，1人が他をリードします。

Among the team members, leads .

(2) 彼は2冊の本を手に入れました。彼は一方を読み，もう一方を売りました。

He got two books. He read and sold   .

(3) 便利なコンピューターを持っています。より良いものを見つけるのは難しいです。

I have a useful computer. It's hard to find a better .

(4) 犬の中には，屋内に留まりたい犬もいれば，外に行くのが好きな犬もいます。

 dogs want to stay inside, and like to go outside.

2 ( ) 内の単語を用いて，日本文を英文にしましょう。

(1) ユキチは本を読もうとしましたが，それをカネコさんに渡しました。
(tried / but / gave)

----

(2) グラス1杯の水をおかわりできますか？ (can / have / glass)

----

(3) 友達が私に新しい時計を見せてくれたとき，私は時計を買いたくなりました。
(showed / watch / wanted)

----

13 代名詞②
使い分けに注意したい代名詞②

12 に続いて，次の代名詞の使い分けを意識しておきましょう。

	単数扱い	複数扱い	同格※
each	各自	それぞれ　※同格のとき	○
most	－	多く［ほとんど］の人	
all	万事・〜なのは…だけ（＋関係代名詞節）	すべての人々	○
both	－	両方・両者	○
either	（二者のうち）どちらか一方		
neither	（二者のうち）どちらも〜ない		
none	どれも〜ない（不可算名詞をさす時）	どれも〜ない（可算名詞をさす時）	

※ここでの「同格」とは，名詞の後ろに置いて，名詞の補足説明をするもの

We each have our preferences. 私たちにはそれぞれ好みがあります。
　　同格

A few people agree with this plan, but most disagree with it.
数人はこの計画に賛成していますが，多くの人々が反対しています。　　複数扱い

This is all I know. これが私が知っているすべてです。
　　単数扱い　　後ろに関係代名詞節を導く

I met the Muraki sisters. I liked them both. 私はムラキ姉妹に会いました。
　　　　　　　　　　　　　　　　　　　同格　　2人とも好きでした。

I don't know either. = I know neither. どちらも知りません。
　　　　　単数扱い　　　　　　単数扱い

I booked the last seats, so none are available. 私は最後の席を予約したので，
　　　　　　　　　　　　　　複数扱い　　　　　もうどれも空いていません。

---

most / all / none は，どれも後ろに of を伴うこともできます。

I have many bags. Most of them are white.
　　　　　　　　　　後ろにof を置く↗　前の文のmany bags を指す
私は多くのバッグを持っています。それらのほとんどは白です。

---

both A and B, either A or B というフレーズで使われることもあります。

▶ I like **both** tea and coffee. （私は紅茶もコーヒーもどちらも好きです）

▶ Do you like **either** tea or coffee? （あなたは紅茶とコーヒーのどちらかが好きですか？）

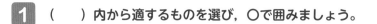

基本練習

答えは別冊 8 ページ
答え合わせが終わったら，音声に合わせて英文を音読しましょう。

1 （　）内から適するものを選び，〇で囲みましょう。

(1) その兄弟に会った時，どちらかと話しましたか？

When you met the brothers, did you talk to (either / neither)?

(2) リンゴが2つありました。ツルタさんは両方を手に入れました。

There were two apples. Mr. Tsuruta got (most / both).

(3) ほとんどの人がニュースに興味を持っています。

(All / Most) are interested in the news.

(4) 私たちに必要なのは愛だけです。

(Each / All) we need is love.

2 （　）内の語を並べかえて，英文を完成させましょう。

(1) クラスには生徒がひとりも出席していませんでした。

(the / present / of / students / class / none / in / the / were).

-- .

(2) 私は自分の高校のほとんどの先生を知っています。

(school / high / most / know / of / the / teachers / I / in / my).

-- .

(3) ポールは仕事で英語と日本語の両方を話します。

(English / at / work / speaks / Paul / and / Japanese / both).

-- .

14 代名詞③ 所有代名詞と再帰代名詞

人称代名詞には主格，所有格，目的格といった基本的なもののほかに，「～のもの」ということを表す**所有代名詞**，そして語尾に -self（単数）・-selves（複数）をつけて「～自身」という意味になる**再帰代名詞**があります。

所有代名詞は〈所有格＋名詞〉の意味を1つの単語で表すことができます。主に文脈の中ですでに出てきたものを表します。

I can't use my computer now. Can I borrow yours?

私は今自分のコンピューターが使えません。
あなたのものを借りてもいいですか？

文脈に出てきたcomputerを表す
この文のyours = your computer

再帰代名詞は，**主語と同一の人やものを目的語にするときに用いる**のが基本の使い方です。名詞の直後または文末に置いて，強調の意味を表すこともあります。

I'm going to introduce myself before the presentation.

主語と同一の人物なのでmeではなくmyself　　プレゼンテーションの前に
自己紹介をさせていただきます。

The action itself was not a problem. その行動自体は問題ではありませんでした。

前の名詞を強調！

再帰代名詞は前置詞とともに慣用表現として用いられることもあります。

	意味
by oneself	自分で・自力で・一人で
for oneself	自分のために・自分で
in itself	それ自体では・本来
beside oneself	我を忘れて

前置詞のちがいに注目！

※ oneself は示す名詞に応じて，myself / yourself（単数）/ yourselves（複数）/ himself / herself / ourselves / themselves / itself と変化します。

Let's do it (by) ourselves! 自分たちでやりましょう！
She was beside herself with delight.

彼女は大喜びで我を忘れました。

基本練習

→ 答えは別冊 8 ページ
答え合わせが終わったら，音声に合わせて英文を音読しましょう。

答えは別冊 8 ページ

1 日本語を参考にして，英文の ☐ に適切な語を入れましょう。

(1) アミさんはプレゼンテーションの前に独り言を言っていました。

Ms. Ami was talking to ☐ before the presentation.

(2) より良い答えを見つけるために自分で考えてください。

Think for ☐ to find a better answer.

(3) 生徒たちは自分たちで問題を解決しました。

The students solved the problem ☐ .

(4) 今日は傘を持っていないので，あなたの傘を借りたいです。

I don't have my umbrella today, so I'd like to borrow ☐ .

2 （　）内の語を並べかえて，英文を完成させましょう。

(1) 試合に勝った後，彼らは興奮して我を忘れていました。
After (excitement / the / they / themselves / game / winning / were / beside / with).

After _____.

(2) この薬は本来無害ですが，服用には十分注意してください。
(when / itself / this / is / in / but / be / harmless / careful / taking / medicine / it).

_____.

(3) 私は着替えて，鏡で自分の姿を見ました。
(looked / I / the / clothes / and / at / changed / myself / in / mirror / my).

_____.

復習テスト ③

➡ 答えは別冊29ページ〜

3章 代名詞

1

次の英文の（　　）に入れるのに最も適切なものを，それぞれ下の①〜④のうちから1つずつ選びましょう。

(1) This shirt is too big for me. Could you bring me (　　　　)?
　① it　　　　　② one　　　　　③ another　　　　④ other
　　　　　　　　　　　　　　　　　　　　　　　　　　（　　　　）

(2) Which cake would you like? — I'll take this (　　　　).
　① one　　　　　② ones　　　　　③ other　　　　④ others
　　　　　　　　　　　　　　　　　　　　　　　　　　（　　　　）

(3) Of the four people invited, only one person came to the party and (　　　）didn't.
　① one　　　　　② the other　　　③ the others　　④ others
　　　　　　　　　　　　　　　　　　　　　　　　　　（　　　　）

(4) (　　　　　) has his or her own bed and desk in the dormitory.
　① Each　　　　② Most　　　　　③ All　　　　　④ Both
　　　　　　　　　　　　　　　　　　　　　　　　　　（　　　　）

(5) You can choose (　　　　) Japanese food or American food for breakfast.
　① both　　　　② all　　　　　③ either　　　　④ none
　　　　　　　　　　　　　　　　　　　　　　　　　　（　　　　）

2

次の日本語を英文にしましょう。その際，与えられた単語を用い，必要に応じて動詞は適切な形に変えてください。

(1) 自宅で仕事をする人もいれば，オフィスに行く人もいます。（ people / office ）

　--

(2) 現金と電子マネーの両方をご利用いただけます。（ both / electronic ）

　--

(3) ナカムラさん（Ms. Nakamura）は一人でその場所に行きました。 （ place / by ）

3

次のイラストを描写する英文を書いてください。その際，与えられた単語を用いてください。

彼女が手に持っているものを片手ずつ表現しましょう。

(bag / hand)

→ 答え合わせが終わったら，
音声に合わせて英文を音読しましょう。

もっとくわしく

注意したい代名詞の表現

　each other と one another は「お互いに」という日本語訳で覚えているせいか，日本人が使い方を間違いやすい表現です。どちらも代名詞なので，動詞や前置詞の目的語として使われます。日本語とちがい，副詞のようには使えないので注意しましょう。

● The sisters talk <u>with</u> **each other** in English.
　（その姉妹はお互いに英語で話します）

● The sisters gave their presents <u>to</u> **one another** on Christmas Day.
　（その姉妹はクリスマスの日にお互いにプレゼントを交換しました）

　上の例にもある talk などの自動詞の場合，前置詞を置かず（×）talk each other としてしまう間違いが多いので注意しましょう。

15 形容詞① 形容詞のはたらきと用法

名詞に情報をプラスするのが形容詞のはたらきです。形容詞には「**限定用法**」と「**叙述用法**」という2種類の用法があります。**限定用法**の形容詞は，**名詞の前後に置かれ，直接名詞を修飾**します。**叙述用法**の形容詞は**動詞の後に置かれ，補語として主語の説明**をします。

限定用法の形容詞について注意したいのは，something, anything, nothing などの名詞を修飾する場合です。これらの名詞を修飾する際，形容詞は必ず名詞の後ろに置かれます。

限定用法	I want to drink some cold water.
	私は冷たい水が飲みたいです。

形容詞　名詞
ふつうは前から名詞を説明

I want to drink something cold.
私は何か冷たいものを飲みたいです。
－thingで終わる名詞は後ろから説明

叙述用法	It's cold today.
	動詞の補語になる　　今日は寒いです。

次の形容詞は，限定用法と叙述用法とで意味が異なるので要チェックです。

	限定用法	叙述用法
present	現在の〜	出席して
certain	とある〜	確信して

限定用法 She is the present chairperson.
彼女は現在の議長です。

叙述用法 She is present at the conference.
彼女は会議に出席しています。

限定用法 I discovered a certain fact.
私はある事実を見つけました。

叙述用法 I'm certain that he will win.
私は彼が勝つと確信しています。

基本練習

→ 答えは別冊9ページ
答え合わせが終わったら，音声に合わせて英文を音読しましょう。

1 （　）内の語を並べかえて，英文を完成させましょう。

(1) アカネは息子の誕生日に楽しいものを探しました。
(fun / for / looked / her / son's / Akane / for / something / birthday).

--.

(2) 彼らは会議で重要なことについて何も話しませんでした。
(didn't / the / talk / they / anything / meeting / important / at / about).

--.

(3) レイコは昨日の午後，その英語の授業に出席しました。
(in / was / Reiko / present / afternoon / English / class / the / yesterday).

--.

(4) その探偵はさらなる調査の後，ある手がかりを見つけました。
(investigation / a / detective / the / certain / clue / after / found / more).

--.

2 （　）内の単語を用いて，日本文を英文にしましょう。

(1) その観光客たちは土産物屋で何も高価なものを買いませんでした。
(tourists / nothing / souvenir)

----

(2) 彼はその実験が成功することを確信していますか？
(certain / experiment / successful)

----

(3) 彼はこの会社の現在のCEOです。(present / CEO / company)

----

16 形容詞② 使い分けに注意したい形容詞

　形容詞の中には，**つづりがよく似ていて意味の異なるもの**がいくつかあります。語尾に注意しながら，しっかり区別しておきましょう。

- respectable：立派な

He has a respectable job now.

彼は今，立派な仕事をしています。

- respectful：礼儀正しい

They gave a respectful bow to the audience.

彼らは聴衆に礼儀正しいお辞儀をしました。

- respective：それぞれの

They played their respective instruments very well.

彼らはそれぞれの楽器を上手に演奏しました。

- considerable：かなりの

We have a considerable number of environmental problems now.

私たちには今，かなりの数の環境問題があります。

- considerate：思いやりのある

We should be considerate to others.

私たちは他者に対して思いやり深くなるべきです。

　次の形容詞も，語尾を区別しながら覚えていきましょう。

economic	経済の	economical	経済的な，倹約の
favorite	お気に入りの	favorable	有益な，好ましい
sensible	分別のある，賢明な	sensitive	敏感な，繊細な
literate	読み書きができる	literal	文字通りの
literary	文学の		

基本練習

1 （ ）内から適するものを選び，○で囲みましょう。

(1) 彼女は立派なビジネスを経営しています。

She runs a (respectable / respective) business.

(2) その作家は昨年，文学賞を受賞しました。

The writer won a (literate / literary) award last year.

(3) タカオは私たちにとって賢明な助言者です。

Takao is a (sensible / sensitive) adviser to us.

(4) ヨウコは昨日かなりの金額を使いました。

Yoko spent a (considerate / considerable) amount of money yesterday.

2 日本語を参考にして，英文の ☐ に適切な語を入れましょう。

(1) 彼は顧客に対して好意的な態度を取り続けました。

He maintained a ☐ attitude toward his clients.

(2) 私たちはより経済的な選択肢が欲しいです。

We want a more ☐ option.

(3) 生徒たちはそれぞれの家に戻りました。

Students went back to their ☐ houses.

17 数量を表す形容詞

　形容詞には**数や量の多少を表す**ものがあります。こうした数量表現には，可算名詞にのみ使える形容詞，不可算名詞にのみ使える形容詞，どちらにも使える形容詞があるので注意が必要です。

	ない	少し	いくらか	十分な	いくつか	多くの	より多くの	最も多い
可算名詞とともに	no	a few	some	enough	several	many	more	most
不可算名詞とともに	no	a little	some	enough		much	more	most

I have no coins [money].
コイン／お金がない。

I have a few coins.
コインが少しある。

I have a little money.
お金が少しある。

I have enough coins [money].
コイン／お金が十分にある。

I have several coins.
コインが何枚かある。

I have many coins.
コインが多くある。

I have much money.
お金が多くある。

I have more coins [money] than him.
彼より多くのコイン[お金]がある。

I have the most coins [money] in this country.
この国の中で最も多くのコイン[お金]がある。

　冠詞 a の有無によって，意味が大きく変わる場合があります。

I have few books.
本をほとんど持っていない。
ほとんどないの…

I have a few books.
本を数冊持っている
3冊もある

I have little time to rest.
休む時間がほとんどない。
あと10分しかない

09:50
10時始業

I have a little time to rest.
休む時間が少しある。
まだ10分もあるじゃん

基本練習

→ 答えは別冊 10 ページ
答え合わせが終わったら，音声に合わせて英文を音読しましょう。

1 日本語を参考にして，英文の ☐ に適切な語を入れましょう。

(1) あなたは学生時代にたくさん本を読みましたか。

Did you read ☐ books when you were a student?

(2) 私たちにがっかりしている時間はありません。

We have ☐ time to be disappointed.

(3) アヤは 4 人の子どもを育てるのに十分なエネルギーを持っていました。

Aya had ☐ energy to raise her four children.

(4) 彼女はアクション映画にはあまり興味がありません。

She doesn't have ☐ interest in action movies.

2 （　　）内の語を並べかえて，英文を完成させましょう。

(1) 私は月に数回ピアノの練習をしています。

(piano / few / practice / month / I / the / a / times / a).

-----

(2) フジタ先生は他の先生よりも多くの生徒と話しました。

(did / talked / more / other / students / than / Mr. Fujita / with / teachers).

-----

(3) グラスに水がほとんどありません。

(in / is / little / the / water / glass / there).

復習テスト ④

→ 答えは別冊30ページ〜

4章 形容詞

1 次の英文の（　）に入れるのに最も適切なものを，それぞれ下の①〜④のうちから1つずつ選びましょう。

(1) I don't usually eat （　　　　） for dinner.

① cold anything ② anything cold ③ cold nothing ④ nothing cold

（　　　　）

(2) Please return to your （　　　　） seats in the classroom.

① respect ② respected ③ respectful ④ respective

（　　　　）

(3) She is the most （　　　　） lady I have ever met.

① consider ② considering ③ considerate ④ considerable

（　　　　）

(4) Do you know the rate of （　　　　） people in the world now?

① literate ② literal ③ literary ④ literature

（　　　　）

(5) We had （　　　　） time and money to travel abroad.

① few ② little ③ many ④ several

（　　　　）

2 次の日本語を英文にしましょう。その際，与えられた単語を用い，必要に応じて動詞は適切な形に変えてください。

(1) 私はその情報について確信が持てません。　（ certain / about ）

----

(2) 彼らには締め切りまで数日ありました。　（ have / few / until ）

----

(3) あなたはリラックスするのに十分な時間はありますか？ (have / relax)

3

次のイラストを描写する英文を書いてください。その際，与えられた単語を用いてください。

現在，オンラインクラスに出席しているという自分の状況を表現しましょう。

(present / in)

→ 答え合わせが終わったら，
音声に合わせて英文を音読しましょう。

もっとくわしく

疑問文のsomeとany

「いくらかの」という意味を持つ形容詞 some は通例，疑問文では any に変えます。

肯定文 You need **some** help.（あなたは助けが必要です）

疑問文 Do you need **any** help?（あなたは助けが必要ですか？）

ただし，場合によっては疑問文でも some を使う場合があります。尋ねる人が「きっと助けが必要だろうな」と思いながら質問する場合は，

Do you need **some** help? ということもできます。

18 副詞① 副詞のはたらき①

副詞も形容詞と同じく，情報をプラスする役割をもつ語です。形容詞は名詞を修飾しましたが，**副詞は動詞，形容詞，副詞，文全体を修飾**します。語尾が -ly で終わることが多いので，副詞を見分ける際のヒントになります。

様態	slowly	ゆっくりと	fast	速く
	easily	簡単に	hard	難しく・懸命に・激しく
	cheerfully	元気に	angrily	怒って
頻度	always	いつも	often	よく
	frequently	頻繁に	sometimes	ときどき
程度	so	とても	very	とても
	pretty	かなり	surprisingly	驚くほど
確信度	absolutely	絶対に	probably	おそらく
	maybe	たぶん	perhaps	たぶん

副詞が単語を修飾する場合，その単語の前に置くのが基本ですが，以下のような例外があります。

頻度の副詞の語順は，ふつう〈be 動詞＋副詞〉もしくは〈副詞＋一般動詞〉となります。

She is always happy.
　　　be動詞がある場合はbe動詞の後ろに！
彼女はいつも幸せです。

She always feels happy.
　　　一般動詞がある場合は一般動詞の前に！
彼女はいつも幸せを感じています。

程度の副詞の語順は〈副詞＋形容詞〉とするのが基本ですが，enough と ago については〈形容詞＋副詞〉の順になります。

This book is very interesting to read.
　　　〈副詞＋形容詞〉の語順が基本！
この本は読むのがとても面白いです。
メッチャ面白い！

(例外) This book is interesting enough to read.
　　　enoughなどの場合はく形容詞＋副詞〉の語順
この本は読むのに十分面白いです。

副詞を2つ重ねて使うときは文末に置きます。

2つ重ねる場合は文末に置くのが基本！

She eats breakfast surprisingly slowly.
彼女は驚くほどゆっくりと朝食を食べます。　副詞　副詞
まだ食べてる！

基本練習

→ 答えは別冊 10 ページ
答え合わせが終わったら，音声に合わせて英文を音読しましょう。

1 （　　）内から適するものを選び，〇で囲みましょう。

(1) 彼は雨の日はゆっくり歩きます。

He walks (slow / slowly) on rainy days.

(2) シンノスケは頻繁に牡蠣を食べます。

Shinnosuke (frequent / frequently) eats oysters.

(3) 彼女はとても元気にそのプレゼンをしました。

She gave the presentation very (cheerful / cheerfully).

(4) そのテストは高校生にとって十分簡単でした。

The test was (easy enough / enough easy) for high school students.

2 （　　）内の語を並べかえて，英文を完成させましょう。

(1) パーティの夕食はかなりおいしかったです。

(good / was / the / at / the / party / pretty / dinner).

----

(2) 昨日ユキは仕事をとても早く完了しました。

(her / fast / completed / tasks / so / Yuki / yesterday).

----

(3) フセさんは仕事中はいつも丸眼鏡をかけています。

(wears / work / Mr. Fuse / round / always / glasses / at).

----

19 副詞② 副詞のはたらき②

18 に続いて，文を修飾する副詞，場所や時を表す副詞，単独で用いられる副詞をまとめます。

文修飾	basically	基本的に	clearly	明らかに
	surprisingly	驚くべきことに	possibly	可能性があることには
	fortunately	幸運にも	unfortunately	不幸にも

※これらの副詞は通例，文頭に置いてカンマを伴います。

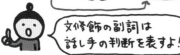

Fortunately, we have lived together for a long time.

幸いなことに，私たちは長い間一緒に暮らしています。

文修飾の副詞は話し手の判断を表すよ！

60年になるがのう　そうですね〜

場所	here	ここに	there	そこに
	up	上に	down	下に
時	now	今	then	その時
	today	今日	tomorrow	明日

※これらの副詞は修飾したい単語の後ろや，文頭，文末に置くことができます。

副詞を重ねて使う場合は通例，**場所→様態→時**の順で使います。

I have to go there early tomorrow.

重ねて使う場合は　場所 → 様態 → 時 の順に

私は明日早くそこに行かなくてはならない。

○月×日 AM6:00 集合

その他，会話などの返答時に単独で用いられる副詞もあります。

Absolutely／Definitely　確かに

Exactly　その通り

She should think before she speaks.

彼女は話す前に考えるべきです。

Exactly.　その通りです

××発言に波紋　○○大臣　○○××…○○○…

1 日本語を参考にして，英文の ☐ に適切な語を入れましょう。

(1) 基本的に，私たちが健康を維持するためには十分な睡眠が必要です。

　　　　　　　　, we need enough sleep to keep healthy.

(2) この通りを下りましょう。

Let's go 　　　　　　 the street.

(3) カナコは「素晴らしい」と言い，タカシマさんは「その通り」と答えました。

Kanako said, "Excellent," and Ms. Takashima replied, "　　　　　　."

(4) この書類が欲しいのは今日ですか，明日ですか。

Do you want this document 　　　　　　 or 　　　　　　 ?

2 日本語を参考に，以下の ☐ 内の単語を用いて，英文の ☐ に適切な語を入れましょう。

(1) 驚いたことに，ムロヤさんはその時真実を知りませんでした。

　　　　　　　　, Ms. Muroya didn't know the truth 　　　　　　.

(2) 私は明日あなたにそこで会えますか。

Can I see you 　　　　　　 　　　　　　 ?

(3) 彼らは今，熱心に英語を学んでいます。

They are studying English 　　　　　　 　　　　　　 .

there / surprisingly / enthusiastically / now / then / tomorrow

20 副詞③ 「ほとんど」を表す副詞

特に名詞や代名詞を修飾する副詞で「ほとんど」または「ほとんど〜ない」という単語がいくつかあります。主要な単語と使い方を意識して覚えていきましょう。

ほとんど・ほぼ	almost	nearly
ほとんど〜ない	hardly	scarcely
めったに〜ない	rarely	seldom

hardly, scarcely, rarely, seldom は否定の意味をもっているよ！

almost は頻出単語で almost all「ほとんどすべて」というフレーズで使われることが多いです。この場合，almost は副詞で形容詞 all を必ず伴います。almost の直後に名詞は置かないので注意しましょう。

○ Almost all the students came to the class.
副詞　形容詞　　ほとんど全ての生徒がその授業に来ました。

× Almost students came to the class.
副詞　名詞

副詞は名詞を修飾できないので ×。

almost が動詞を修飾する場合は「（ほとんど）〜しそうになる」と訳すと理解しやすくなります。

I almost fell asleep.
私は寝そうになりました。

「ほとんど〜ない」という副詞は否定文ではなく肯定文で使います。

I can hardly hear you.
私はあなたの言っていることがほとんど聞こえません。

もう少し大きな声でお願い！

He rarely drinks coffee.
彼はめったにコーヒーを飲みません。

眠いでしょ。飲むの。　いらん

基本練習

答えは別冊 11 ページ

答え合わせが終わったら，音声に合わせて英文を音読しましょう。

1 （　　）内から適するものを選び，〇で囲みましょう。

⑴ カワバタさんは夜にほとんどすべてのケーキを食べました。

Mr. Kawabata ate (almost all / almost) the cake at night.

⑵ ここでは夏に雨が降ることはめったにありません。

It (rarely rains / doesn't rarely rain) here in summer.

⑶ 彼らはその話をほとんど信じることができません。

They can (hardly / almost) believe the story.

⑷ リヨは週末に朝食をとることはめったにありません。

Riyo (seldom has / doesn't seldom have) breakfast on weekends.

2 （　　）内の語を並べかえて，英文を完成させましょう。

⑴ アキコは 10 時間近く寝続けていました。

(sleeping / kept / Akiko / ten / for / hours / nearly).

⑵ 外がとても暑いので，私はほとんど息ができません。

(outside / scarcely / can / hot / it's / breathe / because / very / I).

⑶ 彼は妻の誕生日をほとんど忘れるところでした。

(birthday / his / forgot / almost / wife's / he).

------

21 副詞④ 副詞 so「とても」の語順

「とても〜な＋○○」ということを副詞 so で表す時，語順に注意が必要です。

↱修飾する形容詞の直前に！
SO ＋ 形容詞 ＋ a [an] ＋ 名詞
置けるのは可算の単数名詞だけ↱

It's so wonderful a gift for me!
それは私にとって とても素晴らしい贈り物です！

so の代わりに too「あまりにも〜な」を使う場合も同様です。too は後ろに to 不定詞を伴って「…するには〜すぎる」と使うことも多いです。

↱tooも修飾する形容詞の直前に！　　　↱不定詞を伴うこともある
It's too wonderful a gift to receive.

それは受け取るには素晴らしすぎる贈り物です。

「〜すぎて …できない」
という意味合いになるよ！

また，so の代わりに形容詞 such を使って同じ内容を表すことができます。その時の語順は，such ＋ a(an)＋名詞となります。such の後ろに複数名詞を置くこともできます。

それはとても素晴らしい贈り物です。
It's so wonderful a gift!
≒ **It's such a wonderful gift!**

表す内容は同じ！

※ such の後には複数名詞や不可算名詞も置ける
They are such wonderful gifts.
　　　　　　　　　　　　　　複数名詞

基本練習

→ 答えは別冊 12 ページ
答え合わせが終わったら，音声に合わせて英文を音読しましょう。

1 （　）内から適するものを選び，〇で囲みましょう。

(1) そんな小さなことを心配するのはやめましょう。

Stop worrying about (so / such) small a matter.

(2) 彼女はとても元気な女の子でした。

She was (so / such) a cheerful girl.

(3) ナオコはマユミをとても長い間待っていました。

Naoko waited for Mayumi for (such / too) long a time.

(4) そんなに重い荷物を運ばないでください。

Don't carry (so / such) heavy a load.

2 （　）内の語を並べかえて，英文を完成させましょう。

(1) 今日は室内にとどまるには（天気が）良すぎる日です。

(day / too / nice / a / to / inside / it's / stay / today).

_____ .

(2) このような素晴らしい機会を与えていただき，ありがとうございます。

(for / me / such / great / opportunity / a / you / giving / thank).

_____ .

(3) 私は彼がこんなに面白い先生だとは知りませんでした。

(never / was / funny / so / a / he / teacher / I / knew).

_____ .

22 接続副詞

副詞の中には, and や but などの**接続詞**のように2つの文（節）を意味的につなげる役割をするものがあります。これらは「**接続副詞**」と呼ばれます。

しかしながら	however	したがって	thus / therefore
さらに	moreover / furthermore	その上	besides
それでもなお	nonetheless	それにもかかわらず	nevertheless
さもないと	otherwise	それゆえ　※文語	hence

接続副詞には, 接続詞の and や but と意味は似ているものもありますが, 使い方が異なるので気をつけましょう。

基本練習

1 （　）内から適するものを選び，〇で囲みましょう。

(1) 彼女はほとんどお金を持っていませんでした。しかし新しいビジネスを始めました。
She had little money. (However / Therefore), she started a new business.

(2) よく眠りよく食べてください。さもないと病気になります。
Sleep well and eat well. (Otherwise / But) you'll get sick.

(3) フシミさんは一生懸命勉強しました。したがってテストに合格しました。
Mr. Fushimi studied hard. (Thus / Nevertheless), he passed the test.

(4) 昨日は大雨でした。さらに風もとても強かったです。
It rained a lot yesterday. (Moreover / So), it was very windy.

2 日本語を参考にして，英文の ＿＿＿ に適切な語を入れましょう。
下の ＿＿ の中から適切なものだけを選んでください。

(1) ナカオカさんは会社から遠いところに住んでいました。したがって彼は引っ越すことにしました。
Mr. Nakaoka lived far from his office. ＿＿＿＿＿＿＿, he decided to move.

(2) マリエは緊張していました。それでもなお，彼女はよいスピーチをしました。
Marie was nervous. ＿＿＿＿＿＿＿, she gave a good speech.

(3) 私は外出したくありません。疲れています。その上，雨も降っています。
I don't want to go out. I'm tired. ＿＿＿＿＿＿＿, it's raining.

> However / Nonetheless / Besides / Otherwise / Therefore

復習テスト ⑤

→ 答えは別冊32 ページ～

5章 副詞

1

次の英文の（　）に入れるのに最も適切なものを，それぞれ下の①～④のうちから1つずつ選びましょう。

(1) You can（　　　）find the answer to this question.

① ease ② easy ③ easier ④ easily

（　　　）

(2) （　　　）, our picnic was canceled because of the storm.

① Fortunate ② Fortunately ③ Unfortunate ④ Unfortunately

（　　　）

(3) （　　　）runners wear sunglasses in summer.

① Almost ② Almost all ③ All most ④ All almost

（　　　）

(4) I haven't seen（　　　）a moving movie before.

① so ② such ③ enough ④ too

（　　　）

(5) We could（　　　）hear his voice from a distance.

① hard ② hardly ③ not hard ④ not hardly

（　　　）

2

次の日本語を英文にしましょう。その際，与えられた単語を用い，必要に応じて動詞は適切な形に変えてください。

(1) この歌の歌詞は十分覚えやすいです。 （ lyrics / easy / enough ）

----

(2) 彼は今，急いで階段を下りています。 （ go / stairs / fast ）

----

(3) 昨日はその選手たちにとってとても暑い日でした。 (so / a / athletes)

3

次のイラストを描写する英文を書いてください。その際，与えられた単語を用いてください。

ステージで子どもたちが元気に歌っていることを表現しましょう。

(children / cheerfully / stage)

➜ 答え合わせが終わったら，
音声に合わせて英文を音読しましょう。

もっと くわしく

場所を表す副詞と前置詞

　副詞 home（家に）や abroad（海外に）など，場所を表す副詞は動詞の直後にそのまま置けます。前置詞は不要です。
　◯ Let's go **home**!　　　　✕ Let's go to **home**!（家に帰りましょう！）
　◯ Have you lived **abroad**?　✕ Have you lived in **abroad**?（海外に住んだことはありますか？）
　ただし，前置詞 from（〜から）は特例で，それぞれ組み合わせて使うことができます。
・He is away <u>from</u> **home.**（彼は家から離れています。）
・Many tourists come <u>from</u> **abroad.**（海外から多くの観光客が来ます。）

23 前置詞① 前置詞の意味と使い方①

名詞の前に置いて，「空間」や「時間」などの要素を表す前置詞。使用頻度の高い，at, on, in は空間と時間のどちらも表せます。とてもよく似ているので，それぞれの核となる中心イメージを明確にして，後ろにどんな名詞を置くのかをしっかり区別して覚えましょう。

前置詞	中心イメージ・意味	例
at	点 ～で・～に	I'm staying **at** a hotel. 私はホテルに滞在しています。
on	接着 ～の上で	A cat is **on** the table. ネコがテーブルの上にいます。
in	空間の内側 ～の中に	Jack is **in** his room. ジャックは自分の部屋にいます。

このイメージを「空間」と「時間」に当てはめてみると次のようになります。

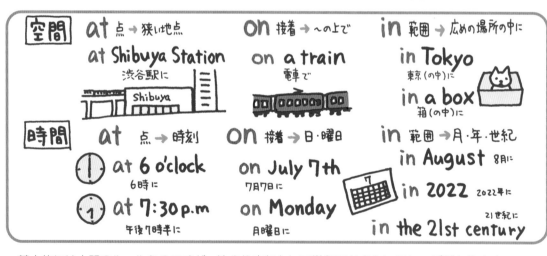

基本的には上記のルールなのですが，決まり文句として覚えておきたいフレーズがあります。

基 本 練 習

 答えは別冊 13 ページ
答え合わせが終わったら，音声に合わせて英文を音読しましょう。

1 （　　）内から適するものを選び，○で囲みましょう。

(1) ナカニシさんは毎週日曜日によくお店に来ていました。
Mr. Nakanishi used to come to the shop (at / on / in) Sundays.

(2) 私の父は京都生まれです。
My father was born (at / on / in) Kyoto.

(3) 私はある雨の日の午後，カフェで面白い本を読みました。
(At / On / In) a rainy afternoon, I read an interesting book at a café.

(4) 彼女はたいてい5時に起きます。
She usually wakes up (at / on / in) 5 o'clock.

(5) 2020年にその特別企画が始まりました。
The special project started (at / on / in) 2020.

(6) 私は吉祥寺駅で友達を待ちました。
I waited for my friend (at / on / in) Kichijoji Station.

(7) 彼は夜にカフェインなしのコーヒーを飲みます。
He drinks caffeine-free coffee (at / on / in) night.

(8) 私たちは先週図書館の中でたまたま会いました。
We happened to meet (at / on / in) the library last week.

(9) 午前中は集中して仕事をしましょう。
Let's concentrate on working (at / on / in) the morning.

(10) 2時間後にバス停で会いましょう！
See you (at / on / in) the bus stop (at / on / in) two hours!

24 前置詞② 前置詞の意味と使い方②

この項では前置詞 to, from, with, by, until, before, after を確認しましょう。

前置詞	中心イメージ	例
to	目標「〜へ・〜に」	go **to** the station　駅に行く　（目標→一方向）
from	起点「〜から」	**from** Tokyo to Osaka 東京から大阪へ　（空間的な起点と目標）
with	双方向「〜と一緒に」	speak **with** my friend　友達と話す（双方向）
by	近接「〜のそばで・〜まで に・〜によって」	**by** the window　窓の近く　（空間的な近接） **by** Friday　金曜日までに　（時間的な近接→期限）
until till	継続期間「〜まで」	**until** [till] Friday 金曜日まで（ずっと）　（継続期間）
before	前「〜の前に」	**before** lunch　ランチの前
after	後「〜の後に」	**after** lunch　ランチの後

● with は「道具」を表すこともできます。

Fix it with some nails. 釘でそれを固定してください。

● by は次の用法でもよく使われます。

I'll go there by train. 私はそこに電車で行きます。(手段)

This book was written by Shakespeare. この本はシェークスピアに よって書かれました。(動作主)

They won the game by one point. 彼らは1点差で試合に勝ちました。(差)

基本練習

→ 答えは別冊 13 ページ
答え合わせが終わったら，音声に合わせて英文を音読しましょう。

1 日本語を参考にして，英文の _____ に適切な前置詞を入れましょう。

(1) クドウさんは駅から自宅まで歩きます。

Mr. Kudo walks _____ the station _____ his home.

(2) アカリは今日までにレポートを提出しなければなりませんでした。

Akari had to submit the report _____ today.

(3) そのレストランは毎日午後9時まで営業しています。

The restaurant is open _____ 9 p.m. every day.

(4) そのテスト前，彼らは早朝から一生懸命勉強しました。

_____ the test, they studied hard _____ early morning.

(5) 私たちは箸で麺を食べます。

We eat noodles _____ chopsticks.

(6) そこに着くまでタクシーで5分しかかかりません。

It takes only five minutes to get there _____ taxi.

(7) 彼女は私より3歳年上です。

She is older than me _____ three years.

(8) 私と一緒に踊ってください！

Please dance _____ me!

(9) 10分後にオフィスに向かいます。

We'll head _____ the office _____ ten minutes.

25 前置詞③ 前置詞の意味と使い方③

この項では前置詞 over, under, above, below, across, beyond, behind, through, along を確認しましょう。中心イメージやイラストを参考にすると覚えやすいです。

前置詞	中心イメージ・意味	例
over	真上をおおっている 「〜を越えて」	over the rainbow　虹を越えて
under	真下 「〜の下に」	under the table　テーブルの下に
above	上方 「〜の上の方に」	above the sea　海の上に
below	下方 「〜の下の方に」	below the sea surface　海面の下に
across	横切って 「〜を渡って」	across the street　通りを渡って
beyond	超える 「〜を超えて」	beyond the limit　限界を超えて
behind	後ろ 「〜の後ろに」	behind the house　家の裏に
through	通り抜けて 「〜を通して」	through the tunnel　トンネルを通って
along	長いものに沿って 「〜に沿って」	along the winding road 曲がりくねった道に沿って

基本練習

1 （　　）内から適するものを選び，〇で囲みましょう。

(1) アヒルの家族が道を渡っていました。
A family of ducks walked (after / across / above) the road.

(2) 山を越えてその町へ行こう！
Let's go to the city (over / under / in) the mountain!

(3) タツヤの新しい本は彼の予想を超えてよく売れています。
Tatsuya's new book is selling well (below / beyond / behind) his expectations.

(4) 私のネコは椅子の下にいるのが好きです。
My cat likes to stay (through / under / above) the chair.

(5) 病院の裏に薬局がいくつかあります。
There are some pharmacies (from / behind / over) the hospital.

(6) 美しい太陽が地平線の上に昇りました。
The beautiful sun rose (to / above / by) the horizon.

(7) 20 歳未満の人に選挙権はありますか？
Do people (beyond / under / with) the age of 20 have the right to vote?

(8) 長いトンネルを抜けて，新幹線は駅に着きました。
(Through / To / Until) the long tunnel, the bullet train reached the station.

26 前置詞の意味と使い方④

ここでは前置詞 of, into, out of, for, against, among, between, around, about を確認しましょう。前置詞とセットになったイラストを参考にすると覚えやすいです。

前置詞	中心イメージ・意味	例
of	所属・部分・関連「〜の」	a member **of** the brass band 吹奏楽部のメンバー
into	中へ入る「〜の中へ」	**into** the sea　海の中へ
out of	外へ出る「〜の外へ」	**out of** the sea　海の外へ
for	向かう「〜へ」「〜のために」	**for** the future　未来のために
against	反対「〜に対して」	**against** the idea　その考えに反対して
among	3者以上の間「〜の間で・に」	**among** young people　若者たちの間で
between	2者間「〜の間で・に」	**between** two shops　2つの店の間に
around	周囲「〜のまわりに」	**around** the table　テーブルの周囲に
about	周辺「〜について・〜の周りに」	**about** the environment　環境について

基本練習

→ 答えは別冊 14 ページ

答え合わせが終わったら，音声に合わせて英文を音読しましょう。

1 日本語を参考に，英文の ☐ に適切な語句を以下の ☐ 内から選んで入れましょう。

(1) 公式サイトで記事全文を読むことができます。

You can read the full text ☐ the article on the official website.

(2) ヤマウチさんのネコはいつも空の箱に入ります。

Mr. Yamauchi's cat always goes ☐ empty boxes.

(3) ほとんどの人はその計画に反対しています。

Most people are ☐ the plan.

(4) この歌手はティーンエイジャーの間でとても人気があります。

This singer is very popular ☐ teenagers.

(5) これはあなたと私の間の秘密です。

This is a secret ☐ you and me.

(6) トクナガさんは彼の作品についてインタビューを受けました。

Mr. Tokunaga was interviewed ☐ his works.

(7) 私はたいてい短い時間で浴槽から出ます。

I usually get ☐ the bathtub after a short time.

(8) これはあなたへのプレゼントです。

This is a present ☐ you.

(9) 月は地球のまわりを回っています。

The moon goes ☐ the earth.

about / against / among / between / for / into / of / out of / around

27 群前置詞

2語以上で前置詞と同じ役割をするものがあります。それらは「**群前置詞**」と呼ばれます。

● of を含む群前置詞

☐ **ahead of** ～の前に

☐ **as of ～** ～現在で

☐ **because of** ～のため

☐ **instead of** ～の代わりに

☐ **regardless of** ～にかかわらず

● to を含む群前置詞

☐ **according to** ～によると

☐ **as to** ～に関して

☐ **close to** ～の近くに

☐ **due to** ～のため（原因）

☐ **next to** ～の隣に

☐ **owing to** ～のせいで

☐ **prior to** ～に先立って

☐ **thanks to** ～のおかげで

☐ **up to** ～まで

● 3語の群前置詞

☐ **in addition to** ～に加えて

☐ **in case of** ～の場合には，～に備えて

☐ **in front of** ～の前に

☐ **in spite of** ～にもかかわらず

☐ **in terms of** ～の観点から見れば

☐ **on behalf of** ～を代表して

☐ **on top of** ～の上に・～に加えて

☐ **by means of** ～によって，～の手段を用いて

☐ **by way of** ～を経由して

☐ **with regard to** ～に関して

☐ **for fear of** ～を恐れて

基本練習

→ 答えは別冊 15 ページ
答え合わせが終わったら, 音声に合わせて英文を音読しましょう。

1 ( ) 内から適するものを選び, 〇で囲みましょう。

(1) 今日現在, アズサは過去最高のスコアを持っています。
(As of / Ahead of) today, Azusa has the best score ever.

(2) 悪天候の場合には, そのイベントは中止になるでしょう。
(In front of / In case of) bad weather, the event will be canceled.

(3) 彼らはルーム B の代わりにルーム A を使用しました。
They used Room A (in terms of / instead of) Room B.

(4) 厳しいスケジュールにもかかわらず, コトコはすべてのタスクを完了しました。
(In addition to / In spite of) the hard schedule, Kotoko completed all the tasks.

(5) 天気予報によると, 明日は晴れるでしょう。
(According to / Close to) the weather forecast, it will be sunny tomorrow.

(6) 彼らは手話を使って会話を楽しみました。
They enjoyed talking (with regard to / by means of) sign language.

(7) 停電のため, すべての列車が一時停止しました。
(Due to / Up to) the blackout, all trains stopped for a while.

(8) 当社を代表して社長がスピーチを行いました。
(On behalf of / Prior to) the company, our president gave a speech.

(9) 皆様のご協力のおかげで, 私たちは目標を達成しました。
(Thanks to / Regardless of) your cooperation, we achieved our goal.

28 句動詞
前置詞⑥

動詞の後ろに前置詞や副詞を伴って，特定の意味を表すフレーズをつくることがあります。それらは「**句動詞**」と呼ばれます。頻出の句動詞を確認しましょう。

● look を含む句動詞
- □ look at 〜を見る
- □ look for 探す
- □ look into 調べる
- □ look after 〜の世話をする

● get を含む句動詞
- □ get back 戻る
- □ get on 〜に乗る
- □ get off 〜を降りる
- □ get out 出て行く
- □ get over 〜を乗り越える
- □ get up 起きる

● put を含む句動詞
- □ put on 〜を身につける
- □ put off 〜を延期する

● break を含む句動詞
- □ break out 起こる
- □ break up 別れる

● call を含む句動詞
- □ call back 〜にかけ直す
- □ call on 〜に要求する・頼む

● drop を含む句動詞
- □ drop in 立ち寄る
- □ drop out 脱落する

● stand を含む句動詞
- □ stand by 待機する
- □ stand out 目立つ

● turn を含む句動詞
- □ turn on （スイッチなど）をつける
- □ turn in 〜を提出する

1 日本語を参考にして，英文の □□□□ に適切な語を入れましょう。

(1) タカシは特別な何かを探していますか？

Is Takashi looking [　　　　] something special?

(2) ムラマツさんはペットを亡くしたショックを乗り越えました。

Mr. Muramatsu got [　　　　] the shock of losing his pet.

(3) 台風のため，そのコンサートは延期されました。

The concert was put [　　　　] because of the typhoon.

(4) その火災が発生する前に彼ら全員が逃げました。

All of them escaped before the fire broke [　　　　].

(5) その団体は政府に対し，教育への投資を増やすよう求めました。

The group called [　　　　] the government to invest more in education.

(6) イトウさんは昨日レポートを提出しました。

Ms. Ito turned [　　　　] the report yesterday.

(7) チヒロが歌い始めたとき，彼女の才能は目立っていました。

When Chihiro started to sing, her talent stood [　　　　].

(8) イマムラさんは 3 匹の犬の世話をしています。

Mr. Imamura looks [　　　　] three dogs.

(9) 私たちに会いに来てくれてありがとうございます！

Thank you very much for dropping [　　　　] to see us!

29 前置詞 with と相性のいい動詞

　動詞を覚えるときにぜひ意識したいのは「**どんな単語といっしょに使うか**」ということです。動詞だけで使うのは Freeze!（止まれ！）などの命令文だけ。その他の場合，動詞は**名詞や前置詞とともに文をつくります**。ここでは相性のいい前置詞に注目して，動詞をパターンで理解していきましょう。

　前置詞 **with** と一緒に使う動詞は，with のもつ「**～と一緒に**」「**～を付加して**」というイメージとともに覚えていきましょう。

● 動詞 + A + with + B

与える系 provide supply present feed fill serve
提供する　　供給する　　贈呈する　（食物·エサなどを）　満たす　（料理などを）
　　　　　　　　　　　　　　　　与える　　　　　　　　出す

The IT company provides its users with high-speed
Internet service.

その IT 企業は利用者に高速インターネット
サービスを提供しています。

統合系 mix combine connect relate associate
混ぜる　混ぜ合わせる　つなげる　関連づける　連想する

Some workers mix coffee with milk.

従業員の中にはコーヒーにミルクを混ぜる人もいます。

その他 help replace compare
手伝う　置き換える　比較する

Please help me with my work!

私の仕事を手伝ってください！

お願い～

　上で紹介した動詞の中には，他の表現に書き換えられるものもあります。
　注目するポイントは，**A（人）とB（もの）の順番と前置詞**です。

provide A(人) <u>with</u> B(もの)	→ provide B(もの) <u>for</u> A(人)
supply A(人) <u>with</u> B(もの)	→ supply B(もの) <u>for</u> A(人)
feed A(人·動物) <u>with</u> B(もの)	→ feed B(もの) <u>to</u> A(人·動物)

AとBが入れかわると前置詞が変わるよ！

基本練習

→ 答えは別冊 16 ページ
答え合わせが終わったら, 音声に合わせて英文を音読しましょう。

1 日本語を参考にして, 英文の □ に適切な語を入れましょう。

(1) このカップをコーヒーで満たしてください。

Please [ ] this cup [ ] coffee.

(2) 外国人は富士山といえば日本を連想することが多いです。

Foreigners often [ ] Mt. Fuji [ ] Japan.

(3) このサイトは私たちに必要な情報を毎日提供しています。

This website [ ] us [ ] necessary information

every day.

(4) 私たちは当社の製品と他社のものを比較するべきです。

We should [ ] our products [ ] others'.

2 ( ) 内の語を並べかえて, 英文を完成させましょう。

(1) ボランティア職員は人々にきれいな飲み水を供給しました。
(water / supplied / volunteer / with / workers / clean / drinking / people).

--- .

(2) 今夜私の宿題を手伝ってくれる？
(you / help / my / me / homework / can / tonight / with)?

--- ?

(3) マサヒロはその古い電球を新しいものに交換しました。
(the / a / new / bulb / one / Masahiro / with / replaced / old).

--- .

30 前置詞⑧ 前置詞 from/into と相性のいい動詞

ここでは，**前置詞 from, into** とそれぞれ相性のいい動詞を紹介します。「〜から」というイメージをもつ **from** は次の動詞とよく使われます。

● 動詞 + A + from + B

区別系
separate 分ける　distinguish 区別する　isolate 孤立させる

守る系
protect 守る　save 救う

妨げる系
prevent 妨げる・(未然に)防ぐ　stop 〜するのを妨げる・〜させない　discourage 〜しないように思いとどまらせる

禁止系
ban 禁止する　forbid 禁止する　prohibit 禁止する

> 妨げる系と禁止系の動詞 A from B の B には動名詞 (-ing) を置きます。

The bad weather prevented us from going out.
悪天候で外出できませんでした。

やめておこうよ　行きたい〜

次に，「〜の中へ」というイメージをもつ**前置詞 into** と相性のいい動詞です。

● 動詞 + A + into + B

変化系
change 変える　make 変える　turn 変える

分割系
divide 分ける

翻訳系
put 表現する・翻訳する　translate 翻訳する

監督　これはいける!!　9.9 鋼ロードショー

して ほしい…

I hope someone will make this comic book into a movie.
誰かがこのマンガを映画にしてくれることを願っています。

基本練習

→ 答えは別冊 16 ページ

答え合わせが終わったら，音声に合わせて英文を音読しましょう。

1 （　　）内から適するものを選び，〇で囲みましょう。

(1) 私たちは彼と彼の双子の兄を区別することができませんでした。

We couldn't distinguish him (with / from / into) his twin brother.

(2) 政府は私たちが夜間に外出することを禁止しましたか？

Did the government forbid us (with / from / into) going out at night?

(3) これらの日本語の文を英語に翻訳してください。

Please translate these Japanese sentences (with / from / into) English.

(4) このケーキを6つに分けましょう。

Let's divide this cake (with / from / into) six pieces.

2 （　　）内の単語を用いて，日本文を英文にしましょう。

(1) キムラさんは車庫を庭に変えました。(garage / change)

---.

(2) 社長は従業員に残業するのを禁止しました。

(prohibit / employees)

---.

(3) あなたはパソコンの画面から目を守るべきです。

(protect / screens)

---.

31

前置詞⑨

前置詞 for/as と相性のいい動詞

ここでは，**前置詞 for，as** とそれぞれ相性のいい動詞を紹介します。

「交換」「理由」というイメージももつ **for** は次の動詞とよく使われます。

● 動詞 + A + for + B

[交換系]　exchange　substitute　mistake
　　　　　　　交換する　　取り替える・代用する　間違える

[理由系]　thank　praise　blame　criticize　punish
　　　　　　 感謝する　ほめる　責める　批判する　　罰する

Please substitute soy milk for milk.

牛乳の代わりに豆乳にしてください。

I thanked my sister for making breakfast.

私の姉（妹）が朝食を作ってくれたことに感謝しました。

「〜として」と訳すことができる**前置詞 as と相性のいい動詞**はこちらです。

as は数学の「＝（イコール）」だと考えるとイメージしやすいです。

● 動詞 + A + as + B

[みなす系]　regard・see・take・count
　　　　　　　　　　　　みなす

[認める系]　recognize・acknowledge
　　　　　　　　　　　認める

[分類系]　classify　define
　　　　　　　分類する　定義する

We regard her as the best teacher in our school.

私たちは彼女を学校で一番いい先生だと
みなしています。

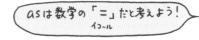 as は数学の「＝」だと考えよう！
イコール

---

1 （　）内から適するものを選び，〇で囲みましょう。

(1) 私は見知らぬ人をいとこと見間違えました。
I mistook a stranger (to / for / with) my cousin.

(2) しばらく会っていなかったので，私は彼をいとことして認識できませんでした。
I couldn't recognize him (for / as / to) my cousin because we hadn't met for a while.

(3) 千円札を硬貨に交換（両替）できますか？
Can you exchange a 1,000-yen bill (with / for / as) coins?

(4) メンバー全員が彼をチームの優れたリーダーだとみなしています。
All members see him (as / for / at) a great leader on their team.

2 （　）内の語句を並べかえて，英文を完成させましょう。

(1) シンゴはツヨシを長い間，彼の親友としてみなしています。
(a / regarded / friend / Tsuyoshi / as / his / for / best / has / long / Shingo / time).

--.

(2) 多くの読者がその著者のわくわくするストーリーをほめていました。
(stories / the / readers / author / for / his / a lot of / praised / exciting).

--.

(3) 私たちは愛情深い家庭で育ててくれたことを両親に感謝しています。
(for / parents / thank / in / we / our / home / raising / a / us / loving).

--.

32 前置詞⑩ 前置詞 of/on と相性のいい動詞

ここでは，**前置詞 of，on** とそれぞれ相性のいい**動詞**を紹介します。

「**所属**」「**部分**」というイメージをもつ **of** は次の動詞とよく使われます。

ここで説明する動詞＋Ａ＋of＋ＢのＡには「人」，Ｂには「もの」や「ことがら」がきます。

● 動詞＋A+of+B

[お知らせ系] **remind** **inform・notify**
思い出させる 知らせる

なつかしいな～

This photo reminds me of my high school days.
この写真は私の高校時代を思い出させてくれます。

前置詞 of には「〜を離して」という「**分離**」のイメージもあります。その視点から相性のいい動詞も紹介します。

● 動詞＋A+of+B

[奪う系] **rob・deprive** **relieve**
奪う 取り除く

描けないっ！

Stress robbed me of my creativity.
ストレスが私の創造性を奪いました。

次に，「〜の上に」などの「**接触**」のイメージをもつ**前置詞 on** と相性のいい動詞です。

● 動詞＋A+on+B

[接触系] **put** 付ける・貼る・塗る・載せる

[課す系] **impose** **force**
（税金など）を課す 押し付ける

The government imposed a heavy tax on unhealthy foods.
政府は不健康な食品に重い税金を課しました。

---

for の項目で挙げた blame（責める）は on とも相性のいい動詞です。

▶ Don't blame the failure on him. （失敗を彼のせいにしないでください。）

基本練習

→ 答えは別冊 18 ページ

答え合わせが終わったら，音声に合わせて英文を音読しましょう。

1 **（　　）内から適するものを選び，○で囲みましょう。**

(1) その薬はあなたの頭痛を取り除くでしょう。

The medicine will relieve you (on / of / with) your headache.

(2) その厳しいトレーナーは生徒たちに厳しい運動を課しました。

The strict trainer imposed hard exercises (on / at / to) her students.

(3) そのメロディーがロンドンへの旅行を思い出させます。

The melody reminds me (of / with / for) my trip to London.

(4) 私の背中に湿布を貼ってもらえますか？

Can you put a compress (on / for / at) my back?

2 **日本語を参考にして，英文の　　　に適切な語を入れましょう。**

(1) イナガキさんは私に彼の新しいメールアドレスを知らせました。

Mr. Inagaki ＿＿＿＿＿ me ＿＿＿＿＿ his new email address.

(2) 誰も私たちから自由を奪うことはできません。

No one can ＿＿＿＿＿ us ＿＿＿＿＿ our freedom.

(3) 自分の考えを他人に押し付けない方がいいです。

We shouldn't ＿＿＿＿＿ our ideas ＿＿＿＿＿ others.

33 前置詞 to と相性のいい動詞

前置詞⑪

ここでは，**前置詞 to と相性のいい動詞**を紹介します。to は「〜へ」や「〜に」のような，**目的地に向かって進んで到達するイメージ**をもちます。

● 動詞 + A + to + B

加える・くっつける系	add	attach	relate	link
	加える	くっつける	関連づける	つなぐ・結びつける

The detective linked this case
to the previous one.

刑事は今回の事件を
以前の事件と結びつけました。

少し抽象的な意味合いが強くなりますが，次の項目も **to と相性のいい動詞**です。

● 動詞 + A + to + B

合わせる系	adapt	adjust
	順応させる	合わせる

制限系	limit	confine
	制限する	限定する・閉じ込める

起因系	owe	attribute
	(〜の) おかげである 借りがある	(〜の) せいにする

I owe my success to you.

私の成功はあなたのおかげです。

基本練習

→ 答えは別冊 18 ページ
答え合わせが終わったら，音声に合わせて英文を音読しましょう。

1 （　　）内の語句を並べかえて，英文を完成させましょう。

(1) 私のスケジュールをあなたの予定に合わせます。

(your / will / my / I / schedule / to / plans / adjust).

_____.

(2) 私はこのメールに書類を添付しました。

(attached / to / email / a / I've / document / this).

_____.

(3) モリさんの勝利は彼の努力によるものです。

(owes / his / his / effort / to / victory / Mr. Mori).

_____.

(4) あなたのスピーチは 10 分に限ってください。

(ten / limit / speech / please / to / your / minutes).

_____.

2 （　　）内から適するものを選び，〇で囲みましょう。

(1) これらの話を私たち自身の経験に関連づけることができます。

I can (remind / relate) these stories to our own experiences.

(2) 私たちの身体的健康は精神状態に結びついています。

Our physical health is (linked / lined) to our mental condition.

(3) 調査によると，その現象は地球温暖化に起因していました。

The research (acknowledged / attributed) the phenomenon to global warming.

復習テスト⑥

→ 答えは別冊34ページ〜

6章 前置詞

1

次の英文の（　）に入れるのに最も適切なものを，それぞれ下の①〜④のうちから1つずつ選びましょう。

(1) At this café, they usually serve pumpkin pie（　　　　）October.
　① at　　　　② on　　　　③ in　　　　④ to
（　　　）

(2) Please turn in the document（　　　　）the end of this year.
　① by　　　　② until　　　　③ with　　　　④ to
（　　　）

(3) There is a big supermarket（　　　　）this building.
　① above　　② below　　③ across　　④ behind
（　　　）

(4) We weren't（　　　　）your opinion in the meeting.
　① of　　　② off　　　③ against　　　④ through
（　　　）

(5) （　　　　）the limited time, they met all the demands from the client.
　① In spite of　② Because of　③ Instead of　④ On behalf of
（　　　）

2

次の日本語を英文にしましょう。その際，与えられた単語を用い，必要に応じて動詞は適切な形に変えてください。

(1) 政府は学生に十分な奨学金を提供するでしょう。
（ with / government / provide / scholarships ）

----

(2) 新しいシステムはユーザーが単純な間違いをするのを防ぎました。

(prevent / users / make)

----

(3) 私たちにあなたの現在の健康状態をお知らせください。

(inform / current / status)

3

次のイラストを描写する英文を書いてください。その際，与えられた単語を用いてください。

先生が自分の腕時計を探していることを表現しましょう。

(teacher / look / watch)

→ 答え合わせが終わったら，
音声に合わせて英文を音読しましょう。

もっと くわしく

前置詞の後ろにおける動名詞

前置詞の後ろには名詞を置きますが，動詞＋ing という形をとって「～すること」という意味を表す動名詞も置くことができます。

「仕事のあと，私は家に帰りました。」
○ I went home **after work.** （前置詞 after ＋名詞 work）
「オフィスでの仕事のあと，私は家に帰りました。」
○ I went home **after working** at the office. （前置詞 after ＋動名詞 working）

動名詞を使う方が「仕事をする」という動作にも焦点を当てた言い方になります。

34 接続詞① 接続詞の種類

接続詞には「**等位接続詞**」と「**従属接続詞**」があります。**等位接続詞は単語と単語，文と文をつなぐ**はたらきをします。等位接続詞は，「等しい位のもの」つまり**同じ品詞や役割のものをつなぎます。**

代表的な等位接続詞 and（〜と…），but（〜だが…），or（〜か…），for（〜というのも…）について例文とともに見ておきましょう。

等位接続詞が他の単語や特定の文と結びついて決まり文句をつくることがあります。

both A and B	AとB両方とも	命令文＋and …	〜しなさい，そうすれば…
either A or B	AかBのどちらか	命令文＋or …	〜しなさい，そうしないと…
neither A nor B	AでもBでもない	not only A but (also) B	AだけでなくBも
not A but B	AではなくB		

基本練習

→ 答えは別冊18ページ
答え合わせが終わったら, 音声に合わせて英文を音読しましょう。

1 日本語を参考にして, 英文の ▭ に適切な語を入れましょう。

(1) 私は納豆が大好きですが, 彼は嫌いです。

I love natto, ▭ he hates it.

(2) その質問は簡単だったので, 彼女はすぐに答えました。

She answered the question at once, ▭ it was easy.

(3) 私は床を掃き, 夫は皿洗いをします。

I sweep the floor, ▭ my husband washes the dishes.

(4) そのホテルは無料の夕食だけでなく, お土産も提供しました。

The hotel offered ▭ ▭ free dinner

▭ ▭ some souvenirs.

2 ( ) 内の語を並べかえて, 英文を完成させましょう。

(1) ユウスケは釣りも料理も両方得意です。

(both / is / good / Yusuke / at / cooking / fishing / and).

_____.

(2) 今すぐ起きなさい。さもないとコンサートに遅れますよ。

(concert / will / up / now / you / be / get / late / right / the / or / for).

_____.

(3) 外が寒かったので, 私はジャケットを着ました。

(jacket / cold / a / outside / so / was / I / it / wore).

_____.

35 接続詞② 「理由」を表す接続詞

従属接続詞には、主語と動詞を含む「カタマリ（＝節）」をつくり、他の文に意味をプラスするはたらきがあります。「従属＝他のものの下に付き従う」という名前のとおり、他の文に従うものなので、**従属接続詞がつくるカタマリだけでは文は成り立ちません。**

ここでは「理由」を表す従属接続詞をまとめます。どれも頻出の接続詞なので、意味に加えて、注意点や例文も押さえておきましょう。

従属接続詞	意味	注意点
because	～なので	前置詞句 because of との使い分けを意識する。
since	～なので	他に「～して以来（ずっと）」という「時」の意味を表す場合もある。 前置詞・副詞だと「～以来（ずっと）」の意味になる。
as	～なので	通例文頭に置いて「理由」を表す。直後に置く主語と動詞を省略することもある。 この他に「～のように」「～のままに」「～につれて」「～している最中に」「～だけども」という意味もある。 前置詞だと「～として」という意味も表せる。

雨が激しいので、私は家にいます。
| 接続詞 | Because it's raining hard, I'm staying home. |
後ろに文
| 接続詞 | = I'm staying home because it's raining hard. |
後ろに文
| 前置詞句 | = Because of the hard rain, I'm staying home. |
後ろに名詞句

彼女は昨日からずっと寝ています。
| 前置詞 | She has been sleeping since yesterday. |
後ろに名詞

休日だったので、私はお昼まで寝ました。
| 接続詞 | Since it was a holiday, I slept till noon. |
後ろに文

私はリーダーなので、他のメンバーを励ましました。
| 接続詞 | As I'm a leader, I encouraged other members. |
後ろに文

リーダーとして他のメンバーを励ましました。
| 前置詞 | As a leader, I encouraged other members. |
後ろに文

基本練習

→ 答えは別冊 19 ページ

答え合わせが終わったら，音声に合わせて英文を音読しましょう。

1 文頭の単語に続く（　）内の語を並べかえて，英文を完成させましょう。

(1) ハナコは書道の練習をしたいので，早起きします。

As (practice / she / wakes / wants / Hanako / calligraphy / up / early / to).

As _____ .

(2) カエデの猫がこのおもちゃを壊したので，彼女は別のおもちゃを買いました。

Because (cat / bought / broke / Kaede's / toy / she / this / another).

Because _____ .

(3) 何人かが欠席だったので，彼らは会議を延期しました。

They (because / off / meeting / some / put / of / absent / the / were / them).

They _____ .

(4) 私たち全員，歌詞を知っているので，この歌を歌いましょう。

Let's (this / we / the / sing / lyrics / all / since / song / know).

Let's _____ .

2 （　）内の単語を用いて，日本文を英文にしましょう。

(1) リサは難しい試験に合格したのでうれしいです。(happy / because / exam)

_____ .

(2) 彼はもっと読みたかったので，新しい本を探しました。(looked / since / read)

_____ .

(3) 雨が止んだので，マツモトさんはピクニックに出かけました。

(As / rain / went)

_____ .

36 接続詞③ 「目的」「結果」を表す接続詞（句）

ここでは「**目的**」や「**結果**」を表す接続詞（句）をまとめます。

「目的」「結果」を接続詞（句）	意味	注意点
so that	～するように	so ～（形容詞）that だと「とても～なので」という意味に。
such that	～であるような	such ～（名詞）that だと「とても～なので」という意味に。
in order that	～するために	似ているフレーズとして不定詞を用いる in order to もある。
in case	万一～する場合に備えて	口語では just in case という場合もある。
for fear that	～するといけないので	似ているフレーズとして名詞（句）を導く for fear of もある。
lest	～するといけないので	lest 以下に should を用いることもある。文語体。

He was so tired that he fell asleep in class.
彼はとても疲れていたので、授業中に寝ました。

His friend tapped him on the shoulder
　　　　　　　　so that he would wake up.

彼の友人は彼が目を覚ますように彼の肩をたたきました。

She is so enthusiastic about makeup that she has
彼女はメイクにとても熱心なので、たくさんの口紅を持っています。　tons of lipsticks.

She is such an enthusiast about makeup that
　　　　　　　　　　　she has tons of lipsticks.
彼女はメイクマニアなので、
たくさんの口紅を持っています。

We need more time in order that we can meet the
お客様のご要望にお応えするためにもっと時間が必要です。　customers' requests.

In case it rains, take an umbrella.
雨に備えて傘を持っていきなさい。

She won't go out for fear that she will catch a cold.
彼女は風邪をひくのを　この文を　She won't go out lest she (should) catch a cold.
恐れて外出しないでしょう。　文語体にすると→

基本練習

→ 答えは別冊 20 ページ
答え合わせが終わったら，音声に合わせて英文を音読しましょう。

1 （　　）内から適するものを選び，〇で囲みましょう。

⑴ 雪が降った場合に備えて，キョウカは先に家を出ました。
（ In case / In order that ）it snowed, Kyoka left home early.

⑵ 彼らは海外で生活するために一生懸命英語を勉強します。
They study English hard（ in case / in order that ）they may live abroad.

⑶ 彼はまた事故に遭うのではないかと恐れて運転しようとしません。
He won't drive（ for fear that / such that ）he'll have another accident.

⑷ あなたのお母さんはとても明るい人なので，みんなに好かれています。
Your mother is（ so / such ）a cheerful person that everyone likes her.

2 （　　）内の語を並べかえて，英文を完成させましょう。

⑴ 電子決済を受け付けていないお店もあるといけないので，コインを持っていきなさい。
（ accept / don't / some / take / lest / some / payment / shops / electronic / coins ）.

_____.

⑵ ハルカは息子が何か食べたいときに備えて，たくさんのおやつを買いました。
（ in / snacks / bought / case / her / something / son / to / wanted / Haruka / many / eat ）.

_____.

⑶ 血流をよくするために，水分をとってください。
（ so / improve / blood / flow / can / drink / your / please / water / that / you ）.

_____.

37 接続詞④ 「時」を表す接続詞（句）

ここでは「**時**」を表す接続詞（句）をまとめます。

時を表す接続詞(句)	意味	注意点
when	～するときに	直後に置く主語と動詞（主に be 動詞）を省略することもある。
while	～している間に	直後に置く主語と動詞（主に be 動詞）を省略することもある。
as	～している最中に	「～なので」という理由や「～のように」という様態も表せる。
once	一度～すると	副詞だと「一旦」「かつて」という意味になる。
before	～する前に	同じ意味で前置詞もある。
after	～した後に	同じ意味で前置詞もある。
until	～するまで	till も同じ意味。どちらも前置詞もある。
by the time	～するときまでには	完了形とともに用いることが多い。

彼が妻をカフェで待っているとき、友達に会いました。

While he was waiting for his wife at the café, he met his friend.

私たちが帰るとき、2人のお客さんが入ってきました。

As we left, two customers came in.（時）

あなたは夜の静けさが好きなので、夜更かしします。

As you like the quiet of the night, you stay up late.（理由）

あなたがご存知のように、私は朝の明るさが好きです。

As you know, I like the brightness of morning.（様態）

彼女は新しいフレーズを覚えたら、それを使おうとしました。

Once she learned a new phrase, she tried to use it.

映画が終わるまで、夫は寝ていました。

後ろに文
接続詞 My husband slept until the movie ended.

前置詞 My husband slept until the end of the movie.
後ろに名詞句

私が帰宅するまでに、彼は宿題を終えていました。

He had finished his homework by the time I got home.
（過去完了形）

基本練習

→ 答えは別冊 20 ページ
答え合わせが終わったら, 音声に合わせて英文を音読しましょう。

1 日本語を参考にして, 英文の　　　　に適切な語を入れましょう。

(1) 私たちは一度会話を始めたら, 話が止まりませんでした。

　　　　　　　we started a conversation, we couldn't stop talking.

(2) 彼らは学校が再開するまで, 毎日 10 時に起きました。

They got up at 10 every day 　　　　　　 school started again.

(3) 私が駅に着く頃には電車は出発していました。

The train had left 　　　　　 　　　　　 　　　　　 I got to

the station.

(4) アンドウさんは海の近くに引っ越す前に一生懸命働きました。

Ms. Ando worked hard 　　　　　 she moved near the sea.

2 (　　) 内の単語を用いて, 日本文を英文にしましょう。

(1) 私は図書館で勉強していたとき, 親友に会いました。(while / studying / met)

　　　　　　　　　　　　　　　　　　　　　　　　　　　　　　

　　　　　　　　　　　　　　　　　　　　　　　　　　　　　　

(2) 本を読んでいる間, ミホはたいていメモを取ります。(when / reads / notes)

　　　　　　　　　　　　　　　　　　　　　　　　　　　　　　

　　　　　　　　　　　　　　　　　　　　　　　　　　　　　　

(3) 彼らが家で夕食を食べている最中に, 驚くべきプレゼントが届きました。
(as / ate / surprising)

38 接続詞⑤ 「条件」「譲歩」を表す接続詞（句）

ここでは「**条件**」「**譲歩**」を表す接続詞（句）をまとめます。

条件を表す接続詞（句）	意味	注意点
if	もし～ならば	直後に置く主語と動詞（主に be 動詞）を省略することもある。 間接疑問で用いると「～かどうか」という意味になる。
unless	～しないなら	後ろに肯定文が置かれても否定的な意味になる。
as long as	～する限りは	「～さえすれば」という「条件」を表す。 「～するだけずっと」という意味もある。
as far as	～する限りは	「できる範囲」を表す。 前置詞的に用いると「～（という遠いところ）まで」。

If you are not hungry, just drink some coffee.

Unless you are hungry, just drink some coffee.

お腹が空いていなければコーヒーを飲んでください。

As long as she helps me, I have no problem with accounting tasks.

彼女が私を助けてくれる限り、
私は経理の仕事に何の問題もありません。

譲歩を表す接続詞（句）	意味	注意点
although though	～ではあるが	文頭・文中どちらも置ける。 直後に置く主語と動詞（主に be 動詞）を省略することもある。 though は会話では文中の切れ目や文末に置くこともある。
even if	たとえ～だとしても	実際に起こっていない仮定の話をする場合に用いる。
even though	たとえ～だとしても	事実やすでに起こった話をする場合に用いる。

I love sweets, but I don't eat too many.

Although I love sweets, I don't eat too many.

私は甘いものは大好きですが、食べすぎません。

1個だけ

Even if there were 48 hours in a day, I would just do my usual routine.

1日48時間あるとしても、
私はいつものルーティンをこなすだけです。

→ 答えは別冊 21 ページ
答え合わせが終わったら，音声に合わせて英文を音読しましょう。

1 （　　）内から適するものを選び，〇で囲みましょう。

(1) 彼は集中しないと上手にピアノを弾けません。
（ If / Unless) he concentrates, he can't play the piano well.

(2) コンサートは天候が許す限り開催されます。
The concert will be held (as long as / as far as) the weather permits.

(3) フジイさんはとても忙しいにもかかわらず，英語の勉強を続けました。
(But / Although) Ms. Fujii was very busy, she kept studying English.

(4) 明日たとえ雪が降ったとしてもそこへ行きたいです。
I want to go there (even if / even though) it snows tomorrow.

2 （　　）内の語を並べかえて，英文を完成させましょう。

(1) もし疲れたら，一番好きな食べ物を食べて，よく眠りましょう。
If (food / you / well / tired / eat / are / favorite / and / sleep / your).

If _____ .

(2) アキコが知る限り，その店は今日開いています。
As (Akiko / the / open / is / as / store / knows / today / far).

As _____ .

(3) その最新の携帯電話には多くの機能があっても，私はそのすべてを使うことはできません。
Even (the / has / newest / I / though / all / mobile / can't / functions / phone / many / them / use / of).

Even _____

_____ .

1

次の英文の（　　　）に入れるのに最も適切なものを，それぞれ下の①〜④のうちから1つずつ選びましょう。

(1) （　　　　　　） you see that drama, you will never forget that actor.

　① Though　　　　② Once　　　　③ Before　　　　④ For

　　　　　　　　　　　　　　　　　　　　　　　　　　　　（　　　　　　）

(2) （　　　　　　） the train stops, I will get to the airport on time.

　① Unless　　　　② Even though　　③ As long as　　④ As far as

　　　　　　　　　　　　　　　　　　　　　　　　　　　　（　　　　　　）

(3) He always sets the alarm （　　　　　） he will oversleep.

　① in order that　② such that　　③ for fear that　④ so that

　　　　　　　　　　　　　　　　　　　　　　　　　　　　（　　　　　　）

(4) We will have arrived at the station （　　　　　） our friends come.

　① by the time　② since　　　　③ as　　　　　④ because

　　　　　　　　　　　　　　　　　　　　　　　　　　　　（　　　　　　）

(5) （　　　　　　） this book was hard to read, I finished it.

　① If　　　　　　② Although　　③ When　　　　④ After

　　　　　　　　　　　　　　　　.　　　　　　　　　　　（　　　　　　）

2

次の日本語を英文にしましょう。その際，与えられた単語を用い，必要に応じて動詞は適切な形に変えてください。

(1) 私たちが知る限り，彼はこのチームで最高のリーダーでした。

（ far / best / team ）

- -

(2) たとえ疲れていても，彼はピアノの練習を続けるでしょう。

（ even / were / keep ）

----

(3) あなたが私の電話番号を忘れた場合に備えて，メールアドレスをお伝えします。

（ case / forget ）

3

次のイラストを描写する英文を書いてください。その際，与えられた単語を用いてください。

毎朝，顔を洗ったあとに朝ごはんを食べるという毎朝の行動を一文で表現しましょう。

（ morning / eat / after ）

➡ 答え合わせが終わったら，
音声に合わせて英文を音読しましょう。

もっとくわしく

前置詞と区別したい接続詞

同じ意味を表す接続詞と前置詞はしっかり区別しておきましょう。以下，特に間違いやすいものを挙げますので，確認してください。

● ～にもかかわらず / ～なのに

前置詞 despite	**Despite** the heavy rain, we went on a picnic.
前置詞句 in spite of	**In spite of** the heavy rain, we went on a picnic.
接続詞 although	**Although** it was raining hard, we went on a picnic.

（大雨にもかかわらず，私たちはピクニックに行きました）

● ～しながら

前置詞 during	**During** my stay at the hotel, I didn't leave the room.
接続詞 while	**While** I was staying at the hotel, I didn't leave the room.

（そのホテルに滞在中，私は部屋から出ませんでした）

39 省略

その他の重要文法①

英語では，同じ表現や構造の繰り返しを避けるために「省略」がなされることがあります。ここではその省略の代表的なパターンを見ていきましょう。

等位接続詞（→ p.94）でつながれた 2 つの文の中に同じ表現や同じ構造がある場合，後半の文では省略が起こることがあります。

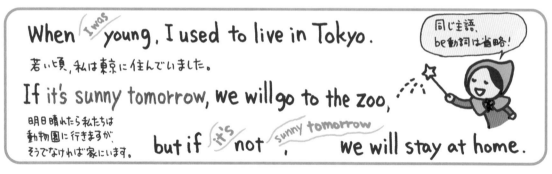

Some of my friends ordered coffee, and others ~~ordered~~ tea.
私の友人の何人かはコーヒーを注文し，他の人は紅茶を注文しました。

Saying is one thing, and doing ~~is~~ another ~~thing~~.
言うことと行うことは別のことです。

後半の文では省略が起こります！

従属接続詞（→ p.96）がつくる節では主語と動詞がよく省略されます。省略される主語はメインの文と同じ主語や文中で繰り返し登場する主語，省略される動詞は be 動詞です。

When ~~I was~~ young, I used to live in Tokyo.
若い頃，私は東京に住んでいました。

If it's sunny tomorrow, we will go to the zoo,
明日晴れたら私たちは動物園に行きますが，そうでなければ家にいます。
but if ~~it's~~ not ~~sunny tomorrow~~, we will stay at home.

同じ主語，be動詞は省略！

このほか，**if necessary**（必要であれば= if it is necessary），**if possible**（可能であれば =if it is possible）など，if のあとの it is が省略された形で使われる慣用表現もあります。

to 不定詞のあとでもよく省略が起こります。 次の例のように，to のあとに続くものが前の文の表現から明らかな場合です。

You may use my room if you want to ~~use my room~~.
あなたがそうしたければ，私の部屋を使っていいですよ。

to に続く部分でも省略があります！

You can come home if you would like to ~~come home~~.
あなたが望むなら，家に帰ることができます。

基本練習

→ 答えは別冊 22 ページ
答え合わせが終わったら，音声に合わせて英文を音読しましょう。

1章
2章
3章
4章
5章
6章
7章
8章　その他の重要文法

1 （　　）内の語を並べかえて，英文を完成させましょう。

(1) 私は紅茶を飲み，夫はコーヒーを飲みました。
(tea / drank / and / my / I / my / his / coffee / husband).

_____.

(2) 明日は雨が降るかもしれませんが，降らないことを願っています。
(rain / tomorrow / but / it / I / might / not / hope).

_____.

(3) この本は私の母のものかもしれません。
(my / might / book / this / be / mother's).

_____.

(4) 寝たければ，もっと寝ていいですよ。
You (want / sleep / can / if / you / to / more).

You _____.

2 （　　）内の単語を用いて，日本文を英文にしましょう。

(1) そうしなくてはならない場合は早く起きてください。(get / if / have)

_____.

(2) 疲れているとき，私はより長い休憩を取ります。(tired / longer / break)

_____.

(3) 電車に乗るのを好む人もいれば，バスに乗るのを好む人もいます。
(prefer / taking / trains)

_____.

40 否定

その他の重要文法②

否定でもっとも一般的なのは not（〜ではない）です。述語動詞を否定して，文全体の内容を否定することを「**全否定**」と呼びます。全否定の主なものをまとめておきます。

no	まったくない　※名詞の前に置く	not at all	まったく〜でない
not any	何もない	never	決して〜ない
none	何も〜ない　※代名詞	nothing	何も〜ない　※代名詞

He has no sisters. = He doesn't have any sisters.

彼には姉妹がいません。

I'm not sad at all, so I never cry.

私はまったく悲しくないので，決して泣きません。

None of the students remained in the classroom.

生徒は誰も教室に残っていませんでした。

注意すべき否定の表現として，「すべてが〜というわけでもない」という意味の「**部分否定**」があります。not のあとに「**完全**」「**全体**」「**必ず**」を表す表現が続く場合，部分否定になります。

not all	すべてが〜というわけではない	not always	いつも〜というわけではない
not every	すべてが〜というわけではない	not necessarily	必ずしも〜でない・〜とは限らない
not quite	完全に〜というわけではない	not completely	完全に〜というわけではない

Not all the players are doing well today.

= Not every player is doing well today.

今日，すべての選手が調子いいわけではありません。

Your parents don't always understand your ideas.

あなたの両親は いつも あなたの考えを理解しているわけではありません。

Your parents don't necessarily understand your ideas.

あなたの両親は必ずしも あなたの考えを理解しているとは限りません。

108

→ 答えは別冊 23 ページ
答え合わせが終わったら，音声に合わせて英文を音読しましょう。

1 日本語を参考にして，英文の ☐ に適切な語を入れましょう。

(1) 彼らの誰もイギリス出身ではありません。

☐ of them is from the U.K.

(2) すべてのメンバーが結果に満足しているわけではありません。

☐ ☐ the members are happy about the result.

(3) 私は仕事を始めるとき，いつもコーヒーを飲んでいるわけではありません。

I'm ☐ ☐ drinking coffee when I get to work.

(4) 現在，そのようなデバイスを持っているティーンエイジャーはひとりもいません。

☐ teenager has such a device now.

2 （　）内の語を並べかえて，英文を完成させましょう。

(1) 彼らは品質にまったく満足していません。

(with / are / quality / not / they / at / satisfied / the) all.

-- all.

(2) すべての生徒が明日テストを受けるわけではありません。

Not (take / the / will / every / tomorrow / test / student).

Not -- .

(3) その歌手は夕食にどんな肉も食べません。

(any / singer / dinner / the / eat / at / doesn't / meat).

-- .

41 否定語を含まない否定表現

no や not などの否定語を含まないけれども，否定的な意味を表す決まり文句があります。例文を見ながら訳し方と使い方を確認してみましょう。

too ~ to do	あまりに~で…できない
fail to do	~できない・~しそびれる・~し損なう
far from	~からほど遠い・決して~ではない
anything but	~どころではない
the last ~ to do ...	決して…しない~
be free from	~がない
have yet to do	まだ~していない

例文で使い方を確認しよう！

It was too hot to go outside today.
今日は暑すぎて外に出られませんでした。

She failed to return the library books on time.
彼女は期日に図書館の本を返しそびれました。

He is far from happy.
彼は幸せにはほど遠いです。

He is anything but happy.
彼は決して幸せではありません。

She is the last person to say something negative.
彼女は否定的なことを決して言いません。

These cosmetic products are free from alcohol.
これらの化粧品には アルコールが入っていません。

X alcohol

We have yet to solve the problem.
私たちはまだ問題を解決していません。

基本練習

 1章
 2章
 3章
 4章
 5章
 6章
7章

 8章 その他の重要文法

1 ( ) 内から適するものを選び, ○で囲みましょう。

(1) 私は今疲れすぎていてジョギングに行けません。
I'm (too / to) tired (to / that) go jogging now.

(2) その状況は理想とはほど遠いものでした。
The situation was far (from / to) ideal.

(3) 彼女は臆病者なんかではありません。
She is (anything / something) but a coward.

(4) 彼らはまだ答えを見つけていません。
They have (still / yet) to find the answer.

2 ( ) 内の単語を用いて, 日本文を英文にしましょう。

(1) ドアの鍵をかけるのを決して忘れないでください。(fail / lock)

_____.

(2) 彼は決して英語の勉強をやめない生徒です。(last / stop)

_____.

(3) 将来, 世界には貧困がなくなるでしょう。(free / poverty)

_____.

42 倒置

「倒置」とは，かんたんに言うと，単語の語順をひっくりかえすことです。語順のルールをあえて破ることで，何かを強調したり，ドラマチックな効果を出したりすることができます。

否定語や否定的な意味をもつ単語が文頭に置かれると倒置が起こります。下の例では**否定語の後ろが疑問文の語順になっている**ことに注意しましょう。

こんなに素晴らしい曲は聴いたことがありません。

<u>Never</u> <u>have I</u> heard such a wonderful song.
否定語　　疑問文の語順

彼らは宇宙に行けるとは夢にも思いませんでした。

<u>Little</u> <u>did they</u> dream that they could go to space.
否定語　　疑問文の語順

※上記のほか only（〜だけ），hardly（ほどんど〜ない），rarely（めったに〜ない）や at no time（一度も〜ない）などが文頭に置かれても倒置が起こります。

否定語以外でも，**方向や場所を示す言葉が文頭に置かれて，倒置が起こる**場合もあります。下の例では，場所を示す言葉の後ろが**動詞（V）＋主語（S）**の語順になっていることに注意しましょう。

<u>Here</u> comes the president.
場所を示す言葉　　VSの語順に

<u>In his hands</u> <u>was a bouquet of flowers.</u>
　　場所を示す言葉　　　　VSの語順

社長が来ました！
彼の手には花束がありました。

会話でよく使われる倒置の慣用表現も紹介します。相手の発言を受けて，同意や否定をする際に使う表現です。

I'm so happy today.
私は今日とてもうれしいです。

I'm not so happy today.
私は今日あまりうれくありません。

So am I.
VSの語順
私もです。(私もうれしい)

Neither am I.
VSの語順
私もです。(私もうれしくない)

基本練習

→ 答えは別冊 24 ページ
答え合わせが終わったら, 音声に合わせて英文を音読しましょう。

1章
2章
3章
4章
5章
6章
7章
8章 その他の重要文法

1 日本語を参考にして, 英文の ☐ に適切な語を入れましょう。

(1) 私は図書館で彼に会えるとは思いもしませんでした。

Never ☐ ☐ expect to see him in the library.

(2) 「私はこの歌手が大好きです！」「私もそうです！」

"I love this singer!" "So ☐ ☐ !"

(3) こちらがあなたへのプレゼントです。

☐ ☐ some presents for you.

(4) 彼が自分のことを話すことはめったにありません。

Rarely ☐ ☐ talk about himself.

2 (　) 内の語を並べかえて, 英文を完成させましょう。

(1) 彼は毎週日曜日だけ礼拝に行きます。

(on / he / Sundays / go / church / only / to / does).

_____.

(2) 私は真実をほとんど知りませんでした。

(truth / know / I / did / the / little).

_____.

(3) 表の庭には3匹の黒ネコが座っていました。

In (cats / three / sat / front / the / black / yard).

In _____.

43 無生物主語の文

英語には主語が人ではなく，ものや事柄である場合があります。その主語のことを「**無生物主語**」と呼びます。これまで学んだ項目の中にすでに登場しているので，あまり難しく考える必要はありません。ただし，日本語にはあまりない発想の文なので，日本語に訳す際には工夫が必要です。

ものが主語

This photo **reminds** **me** of my happy childhood.
無生物主語　　　動詞　　　人が目的語

直訳 この写真は私に幸せな子ども時代を思い出させます。

工夫 この写真を見ると，私は幸せな子ども時代を思い出します。

その他，無生物主語を用いる動詞は次の通りです。直訳と，その訳を少し工夫したものとあわせて確認しておきましょう

- **make** ものが人に〜させる → ものによって人が〜する
- **cause / force** ものが人に〜させる → ものによって人が〜する
- **enable** ものが人を〜できるようにする → ものによって人が〜できるようになる
- **allow / permit** ものが人が〜するのを許す → ものによって人が〜できる
- **rob / deprive** ものが人から〜を奪う → ものによって，人が〜を失う

The news made me realize the importance of peace.

そのニュースが私に平和の大切さを気づかせました。

より自然に → そのニュースで私は平和の大切さに気づきました。

This system enables them to talk online easily.

このシステムは彼らがオンラインで簡単に話すことを可能にします。

より自然に → このシステムにより，彼らはオンラインで簡単に話すことができます。

基本練習

➡ 答えは別冊24ページ
答え合わせが終わったら，音声に合わせて英文を音読しましょう。

1 日本語を参考に，以下の ☐ 内の単語を用いて，英文の ☐ に適切な語を入れましょう。ただし，それぞれの単語は必要に応じて適切な形に変えてください。

(1) このチケットで3人まで入場できます。

This ticket ☐ three people to enter.

(2) 吹雪のため，彼らはそのイベントをキャンセルしました。

A snowstorm ☐ them to cancel the event.

(3) ショックで彼女は言葉を失いました。

The shock ☐ her of her speech.

(4) ゆっくりとした音楽で，私はリラックスします。

The slow music ☐ me relax.

make	rob	cause	allow

2 （　）内の語を並べかえて，英文を完成させましょう。

(1) その大きな台風で，私は一日中家にいることを余儀なくされました。
(me / big / the / forced / to / all / stay / home / day / typhoon).

_____ .

(2) 繰り返し練習することで，私たちは英語力を向上させることができます。
(our / improve / practice / us / to / English / repeated / skills / enables).

_____ .

(3) この香水で，私は母を思い出します。
(of / mother / perfume / this / reminds / my / me).

_____ .

1

次の英文の（　）に入れるのに最も適切なものを，それぞれ下の①〜④のうちから1つずつ選びましょう。

(1) Not (　　　　　) the participants were for his suggestions.

① all   ② every   ③ always   ④ necessarily

（　　　　　）

(2) (　　　　　) did she dream of going to Korea.

① None   ② Any   ③ At all   ④ Never

（　　　　　）

(3) The situation was far (　　　　　) peaceful.

① from   ② to   ③ but   ④ of

（　　　　　）

(4) They have (　　　　　) to finish their homework.

① yet   ② anything   ③ free   ④ but

（　　　　　）

(5) "I won't go out today." "(　　　　　) will I."

① So   ② Neither   ③ None   ④ Little

（　　　　　）

2

次の日本語を英文にしましょう。その際，与えられた単語を用い，必要に応じて動詞は適切な形に変えてください。

(1) 私は眠いときはソファでお昼寝をします。　(sleepy / nap / sofa)

----

(2) 彼らのチームは8点を獲得しましたが，私たちのチームはわずか2点でした。
(score / points / and)

----

(3) 彼女がそんなに有名な女優だったとは，私はほとんど知りませんでした。

(little / did / such)

3

次のイラストを描写する英文を書いてください。その際，与えられた単語を用いてください。

このクラスの生徒は誰もテストに失敗しなかったということを表現しましょう。

(none / fail / test)

→ 答え合わせが終わったら，
音声に合わせて英文を音読しましょう。

⌒51

もっとくわしく

感情を表す動詞と無生物主語

　日本語の感情表現は「驚く」「がっかりする」「興奮する」など自動詞が多いですが，英語では surprise （驚かせる），disappoint （がっかりさせる），excite （興奮させる）とどれも他動詞で表します。こうした場合，感情を引き起こすもの，つまり無生物が主語になることが多いです。
・The present from my husband **surprised** me. （夫からのプレゼントは私を驚かせました）
・The results **disappointed** the players yesterday. （昨日，その結果は選手たちをがっかりさせました）
・The movie **excited** us very much. （その映画は私たちをとても興奮させました）

　また，人を主語にする場合は受動態を用いて，次のように表します。
・I was surprised at the present from my husband. （私は夫からのプレゼントに驚きました）
・The players were disappointed by the results. （昨日，選手たちはその結果にがっかりしました）
・We were very excited by the movie. （私たちはその映画にとても興奮しました）

主な不規則動詞の語形変化

多くの動詞の過去形，過去分詞は語尾に **ed** をつけることで規則的に変化します(規則動詞)。それらの動詞とは別に，不規則に変化する動詞(不規則動詞)があります。

ここでは，主な不規則動詞の語形変化をまとめておきます。

不規則動詞の語形変化には，4つのパターンがあります。

①A - A - A型 (原形・過去形・過去分詞がすべて同じ)

②A - B - A型 (原形と過去分詞が同じ)

③A - B - B型 (過去形と過去分詞が同じ)

④A - B - C型 (原形・過去形・過去分詞がすべてちがう)

①A - A - A型 (原形・過去形・過去分詞がすべて同じ)

原 形	主な意味	過去形	過去分詞	ing 形
burst	爆発する	burst	burst	bursting
cost	費用がかかる	cost	cost	costing
cut	切る	cut	cut	cutting
hit	打つ	hit	hit	hitting
hurt	傷つける	hurt	hurt	hurting
let	〜させる	let	let	letting
put	置く	put	put	putting
quit	やめる	quit	quit	quitting
set	置く	set	set	setting
shut	閉める	shut	shut	shutting
spread	広げる，広がる	spread	spread	spreading
upset	動揺させる	upset	upset	upsetting

②A - B - A型 (原形と過去分詞が同じ)

原 形	主な意味	過去形	過去分詞	ing 形
become	〜になる	became	become	becoming
come	来る	came	come	coming
overcome	打ち勝つ	overcame	overcome	overcoming
run	走る	ran	run	running

③A - B - B型 (過去形と過去分詞が同じ)

原 形	主な意味	過去形	過去分詞	ing 形
bend	曲げる	bent	bent	bending

原 形	主な意味	過去形	過去分詞	ing 形
bring	もってくる	brought	brought	bringing
broadcast	放送する	broadcast(ed)	broadcast(ed)	broadcasting
build	建てる	built	built	building
buy	買う	bought	bought	buying
catch	つかまえる	caught	caught	catching
deal	扱う	dealt	dealt	dealing
dig	掘る	dug	dug	digging
feed	食物を与える	fed	fed	feeding
feel	感じる	felt	felt	feeling
fight	戦う	fought	fought	fighting
find	見つける	found	found	finding
have	もっている	had	had	having
hear	聞こえる	heard	heard	hearing
hold	つかむ，開催する	held	held	holding
keep	保つ	kept	kept	keeping
lay	置く，横たえる	laid	laid	laying
leave	去る	left	left	leaving
lend	貸す	lent	lent	lending
lose	失う，負ける	lost	lost	losing
make	作る，〜させる	made	made	making
mean	意味する	meant	meant	meaning
meet	会う	met	met	meeting
pay	払う	paid	paid	paying
read	読む	read [red]	read [red]	reading
say	言う	said	said	saying
seek	さがす	sought	sought	seeking
sell	売る	sold	sold	selling
send	送る	sent	sent	sending
shine	輝く	shone	shone	shining
shoot	撃つ	shot	shot	shooting
sit	座る	sat	sat	sitting
sleep	眠る	slept	slept	sleeping
slide	すべる	slid	slid	sliding
spend	費やす	spent	spent	spending
stand	立つ	stood	stood	standing
strike	打つ	struck	struck/stricken	striking
swing	揺れる，揺らす	swung	swung	swinging
teach	教える	taught	taught	teaching
tell	話す，伝える	told	told	telling
think	考える，思う	thought	thought	thinking
understand	理解する	understood	understood	understanding
win	勝つ	won	won	winning

④A - B - C型（原形・過去形・過去分詞がすべてちがう）

原 形	主な意味	過去形	過去分詞	ing 形
be	～である	was, were	been	being
bear	生む，耐える	bore	borne/born	bearing
begin	始まる，始める	began	begun	beginning
blow	吹く	blew	blown	blowing
break	壊す	broke	broken	breaking
choose	選ぶ	chose	chosen	choosing
do	する	did	done	doing
draw	描く，引く	drew	drawn	drawing
drink	飲む	drank	drunk	drinking
drive	運転する	drove	driven	driving
eat	食べる	ate	eaten	eating
fall	落ちる	fell	fallen	falling
fly	飛ぶ	flew	flown	flying
forget	忘れる	forgot	forgotten/forgot	forgetting
forgive	許す	forgave	forgiven	forgiving
freeze	凍る	froze	frozen	freezing
get	得る	got	gotten/got	getting
give	与える	gave	given	giving
go	行く	went	gone	going
grow	成長する	grew	grown	growing
hide	隠れる，隠す	hid	hidden	hiding
know	知っている	knew	known	knowing
lie	横になる	lay	lain	lying
mistake	間違える	mistook	mistaken	mistaking
ride	乗る	rode	ridden	riding
ring	鳴る	rang	rung	ringing
rise	上がる	rose	risen	rising
see	見える	saw	seen	seeing
shake	振る	shook	shaken	shaking
show	見せる	showed	shown	showing
sing	歌う	sang	sung	singing
sink	沈む	sank	sunk	sinking
speak	話す	spoke	spoken	speaking
steal	盗む	stole	stolen	stealing
swim	泳ぐ	swam	swum	swimming
take	取る	took	taken	taking
tear	裂く	tore	torn	tearing
throw	投げる	threw	thrown	throwing
wake	目覚める，起こす	woke	woken	waking
wear	着ている	wore	worn	wearing
write	書く	wrote	written	writing

数の表し方

「1つ，2つ …」と個数を数えるときに使う数を**基数**といいます。

一方，「第1の，第2の……」と順序を数えるときに使う数は**序数**といいます。

基数		序数	
1	one	1番目	first
2	two	2番目	second
3	three	3番目	third
4	four	4番目	fourth
5	five	5番目	fifth
6	six	6番目	sixth
7	seven	7番目	seventh
8	eight	8番目	eighth
9	nine	9番目	ninth
10	ten	10番目	tenth
11	eleven	11番目	eleventh
12	twelve	12番目	twelfth
13	thirteen	13番目	thirteenth
14	fourteen	14番目	fourteenth
15	fifteen	15番目	fifteenth
16	sixteen	16番目	sixteenth
17	seventeen	17番目	seventeenth
18	eighteen	18番目	eighteenth
19	nineteen	19番目	nineteenth
20	twenty	20番目	twentieth
21	twenty-one	21番目	twenty-first
30	thirty	30番目	thirtieth
40	forty	40番目	fortieth
50	fifty	50番目	fiftieth
60	sixty	60番目	sixtieth
70	seventy	70番目	seventieth
80	eighty	80番目	eightieth
90	ninety	90番目	ninetieth
100	one hundred	100番目	one hundredth
1,000	one thousand	1,000番目	one thousandth
10,000	ten thousand	10,000番目	ten thousandth
100,000	one hundred thousand	100,000番目	one hundred thousandth
1,000,000	one million	1,000,000番目	one millionth
1,000,000,000	one billion	1,000,000,000番目	one billionth

●21 以降は，10 の位の数（twenty 〜 ninety）と 1 の位の数（one 〜 nine）をハイフン（ − ）でつないで表します。

例　・21 → twenty-one　　　・22 → twenty-two　　　・23 → twenty-three
　　・31 → thirty-one　　　・42 → forty-two　　　・99 → ninety-nine

●100 の位は hundred を使って表します。

例　・101 → one hundred (and) one　　　・110 → one hundred (and) ten
　　・250 → two hundred (and) fifty　　　・596 → five hundred (and) ninety-six

●1,000 の位は thousand，1,000,000 の位は million，1,000,000,000 の位は billion を使って表します。

😊 数の読み方

①小数

小数点を point と読み，小数点以下の数字は 1 つずつ基数で読みます。

例　3.14 = three point one four

②分数

分子を基数で，分母を序数で読みます。分子が 2 以上のときは，分母の序数を複数形にします。下の例でいうと，「3 分の 1」は third（3 分の 1）が 1 つととらえ，a[one] third，「3 分の 2」は third が 2 つととらえ，two thirds となります。

例　・3 分の 1（1/3）= a[one] third　・3 分の 2（2/3）= two thirds
※ 2 分の 1 は a[one] half で表します。
　また，4 分の 1（1/4）は one fourth のほかに，a[one] quarter とも表します。

③時刻

基本的には「時」→「分」の順に，基数で読みます。

例　・7:50 → seven fifty　　　・8:55 → eight fifty-five

④月日

ふつう「日」は序数で読みます（基数の場合もあります）。序数の前には the をつけることもあります。アメリカとイギリスでは読み方と書き方が異なります。

例　・アメリカ英語：1 月 21 日 → January (the) twenty-first / January twenty-one
　　・イギリス英語：1 月 21 日 → twenty-first January / the twenty-first of January

⑤年号

100 の位と 10 の位の間で区切って，2 けたずつ基数で読むのが基本です。

例　・1492 → fourteen ninety-two　　　・1984 → nineteen eighty-four
　　・2001 → two thousand (and) one　　　・2020 → twenty twenty

富岡恵

函嶺白百合学園高校卒業後，東京外国語大学外国語学部英語学科に進み，言語学を学ぶ。大学卒業後に英会話スクールで約10年間講師を務め，現在は英語パーソナルトレーナーとして活躍中。都内の大学で課外講座も担当している。留学せずに，日本国内で多くの勉強法を実践し，英検1級，TOEIC L&Rテスト990点，TOEFL iBT101点などを取得。著書に『高校英文法をひとつひとつわかりやすく。改訂版』『TOEICテスト書きこみノート』シリーズ，『TOEICテスト英文法をひとつひとつわかりやすく。』(以上，Gakken)，『寝ながら学べる英文法』，『マンガと語呂で一発暗記! ゴロゴロ英単語』(以上，ベレ出版) などがある。

高校英文法・語法をひとつひとつわかりやすく。

ブックデザイン
山口秀昭 (Studio Flavor)

イラストレーション
坂木浩子

英文校閲
Kathryn A. Craft

編集協力
挙市玲子，日本アイアール株式会社
藤田義人 (昭和学院秀英中学校・高等学校)

音声録音
(財) 英語教育協議会

ナレーション
Neil DeMaere，Karen Haedrich，Dominic Allen，水月優希

データ作成
株式会社　四国写研

印刷所
株式会社　リーブルテック

高校英文法・語法をひとつひとつわかりやすく。

解答と解説

 軽くのりづけされているので，
外して使いましょう。

英語の答え合わせについて

☺ 正解が何通りかある場合，[　　　]内に別の答え方を示していることがあります。ただし，音声は最初に示した答え方のみで読まれています。

☺ 本書では多くの場合，I'm や isn't などの「短縮形」を使って答えを示していますが，短縮しない形で答えても，もちろん正解です。

Gakken

01 「言う・話す」を表す動詞の使い分け

本文17ページ

1 （　）内から適するものを選び，〇で囲みましょう。

(1) あなたの都合の良い日時を私に教えてください。
（ Tell / Talk) me a date and time which is convenient for you.
（Tell に〇）

(2) その番号をもう一度言っていただけますか。
Could you (say / tell) the number again, please?
（say に〇）

(3) あなたは家で韓国語を話しますか。
Do you (say / speak) Korean at home?
（speak に〇）

(4) オオタさんは今お客さんと話しています。
Ms. Ota is (talking / saying) to her client now.
（talking に〇）

2 （　）内の単語を用いて，日本文を英文にしましょう。必要に応じて，動詞は適切な形に変えましょう。

(1) ユキエは彼女の娘について何か言っていましたか。(say / anything)
Did Yukie say anything about her daughter?

(2) 彼は私たちに彼の家族の長い歴史を話しました。(tell / history)
He told us the long history of his family.

(3) この部屋の中では静かに話してください。(speak / quietly)
Please speak quietly in this room.

解答のヒント

1(1) 直後に「人」を置けるのは tell です。
(2) 直後に「セリフなどのことがら」を置けるのは say です。
(3) 直後に言語などを置けるのは speak です。
(4)「人と話をしている」ので talk です。be 動詞(is) の後ろに現在分詞 (-ing) を置くと現在進行形「〜している」という意味を表します。

2(1) 一般動詞を含む過去形の疑問文なので Did から書き出します。疑問文で「何か言う」は say anything と表せます。「〜について」は前置詞 about を使いましょう。
(2) 日本文の「話しました」から過去のことだとわかるので, tell は過去形 told にして, 直後に「人」を置きましょう。この場合は話す相手である「私たち」us を置きます。「彼の家族の長い歴史」は前置詞 of を使って the long history of his family とします。
(3)「〜してください」という文は Please から書き出します。「話す」→「静かに」→「この部屋の中で」という語順で書きましょう。

02 「貸し借り」「盗む」を表す動詞の使い分け

本文19ページ

1 日本語を参考にして，英文の　　　に適切な語を入れましょう。

(1) 彼は先週，1日 7700 円でレンタカーを借りました。
He **rented** a car for 7,700 yen a day last week.

(2) 彼はこの自転車を友達から借りたのですか。
Did he **borrow** this bicycle from his friend?

(3) ルパンはあの有名な絵画を盗みました。
Lupin **stole** the famous picture.

(4) 誰がその女優から宝石を強盗しましたか。
Who **robbed** the actress of her jewelry?

2 （　）内の語句を並べかえて，英文を完成させましょう。

(1) 私は図書館から3冊本を借りました。
(from / borrowed / I / three / library / books / the).
I borrowed three books from the library .

(2) そのホテルは主に観光客向けに部屋を貸しています。
(hotel / tourists / rents / the / its / mainly / to / rooms).
The hotel rents its rooms mainly to tourists .

(3) スギヤマさんはアオヤマさんに昨日傘を貸しましたか。
(yesterday / did / lend / her / umbrella / Ms. Aoyama / Ms. Sugiyama)?
Did Ms. Sugiyama lend Ms. Aoyama her umbrella yesterday ?

解答のヒント

1(1) お金を払って「借りる」のは rent です。過去形は rented です。
(2) 無償で「借りる」のは borrow です。
(3)「もの」を「盗む」のは steal です。過去形は stole です。
(4) 直後に「人」が置かれるのは rob です。過去形は robbed です。

2(1)「私は」→「借りました」→「3冊本を」→「図書館から」という語順で書きましょう。「図書館」は特定の場所と考えて，定冠詞 the を前に置いた the library としましょう。
(2)「そのホテルは」→「貸している」→「部屋を」→「主に」→「観光客向けに」という語順で書きましょう。「部屋」は「そのホテル」の部屋なので，代名詞の所有格 its を伴って，its rooms としましょう。副詞の mainly は動詞の rents の前に置いても構いません。
(3) 一般動詞を含む過去形の疑問文なので，Did から書き出しましょう。「人にものを貸す」場合は lend を使います。その時，lend ＋人＋もの の語順で書きます。「傘」は Ms. Sugiyama のもの

と考えて代名詞の所有格 her を用いて，her umbrella としましょう。

関で」という語順で書きましょう。「靴」は「日本人」のものなので，代名詞の所有格 their を用いて，their shoes とします。

03 「書く・描く」「着る」を表す動詞の使い分け

1 （ ）内から適するものを選び，○で囲みましょう。

(1) ナカムラさんは家を出る前にジャケットを着ています。
Mr. Nakamura is putting ((on) / off) a jacket before leaving home.

(2) まず，まっすぐな線を描いてください。
First, please (write / (draw)) a straight line.

(3) 式典の前に帽子を脱ぐべきです。
You should take (on / (off)) your hat before the ceremony.

(4) 彼女はかわいい制服が着たかったのでこの高校に選びました。
She chose this high school because she wanted to ((wear) / put) its cute uniform.

2 （ ）内の単語を用いて，日本文を英文にしましょう。

(1) これらのカラフルなペンで何枚か絵を描きましょう。（ let's / with ）
Let's draw some pictures with these colorful pens.

(2) マリはパーティの後，ソーシャルメディアにレポートを書く予定です。
（ will / report ）
Mari will write a report on social media after the party.

(3) 日本人は玄関で靴を脱ぎます。（ take / entrance ）
Japanese people take off their shoes at the entrance.

解答のヒント

1 (1)「着る」（動作）は put on です。on は「接着」のイメージです。put off は「延期する」の意味です。
(2) 線などを「描く」のは draw です。
(3)「脱ぐ」は take off です。off は「分離」のイメージです。
(4) ものを「着る」（状態）は wear です。直後に洋服や靴などを置きます。put on で「着る」という動作を表します。

2 (1)「～しましょう」という文は Let's で書き出します。「描きましょう」→「何枚かの絵を」→「これらのカラフルなペンで」という語順で書きましょう。ペンで描くときは draw，絵の具やペンキで描くときは paint です。
(2)「マリは」→「書く予定です」→「レポートを」→「ソーシャルメディアに」→「パーティの後」という語順で書きましょう。「～する予定です」という文は未来を表す助動詞 will を動詞の前に置きます。
(3) 主語の「日本人」は Japanese people と表します。これに続けて「脱ぎます」→「靴を」→「玄

04 「見る」「会う」「合う」を表す動詞の使い分け

1 日本語を参考にして，英文の [ ] に適切な語を入れましょう。

(1) 私たちは雨上がりに美しい虹を見ました。
We [saw] a beautiful rainbow after the rain.

(2) あなたは昨晩の野球の試合を見ましたか。
Did you [watch] the baseball game last night?

(3) マキは彼に会って，その日に結婚することを決めました。
Maki [met] him and decided to marry him on that day.

(4) またお会いできて，とてもうれしいです！
I'm so glad to [see] you again!

2 （ ）内の語を並べかえて，英文を完成させましょう。

(1) ミオのカラフルなシャツは無地のパンツと合っています。
(pants / with / colorful / Mio's / goes / his / shirt / plain).
Mio's colorful shirt goes with his plain pants

(2) 彼らは道で有名な俳優に出くわした。
(they / street / a / across / famous / came / actor / the / on).
They came across a famous actor on the street

(3) 生徒全員が教室の時計を見ました。
(the / looked / classroom / students / all / at / clock / of / in / their / the).
All of the students looked at the clock in their classroom

解答のヒント

1 (1) 景色などが「目に入る」というときは see を使います。see の過去形は saw です。
(2) 野球の試合などを意識的に「見る」ときは watch を使います。
(3)「人」に「会う」というときは meet を使います。meet の過去形は met です。ここでは「事前に約束して会う」というニュアンスが含まれています。
(4)「人」に初めて会うときは meet，2度目以降のときは see を使います。

2 (1)「ミオのカラフルなシャツは」→「合っています」→「無地のパンツと」という語順で書きましょう。「無地のパンツ」は「ミオ」のものなので，代名詞の所有格 his を用いて，his plain pants とします。
(2)「彼らは」→「出くわしました」→「有名な俳優に」→「道で」という語順で書きましょう。「出くわす」は come across と表します。come の過去形は came です。

(3)「生徒全員が」→「見ました」→「時計を」→「教室の」という語順で書きましょう。何か一点に注目するときは，look at を使います。

05 「思い出す」「気づく」を表す動詞の使い分け

本文 25 ページ

1 （　）内から適するものを選び，〇で囲みましょう。

(1) お土産を買うことを思い出させてください。
Please (remember / (remind)) me to buy some souvenirs.

(2) 私たちが初めて会った日を覚えていますか。
Do you ((remember) / remind) the day we met for the first time?

(3) ミカはスタイルを変えたので，私は彼女に気づきませんでした。
Mika changed her style, so I didn't (realize / (recognize)) her.

2 日本語を参考にして，英文の　　　　に適切な語を入れましょう。

(1) オニールさんが歌っているのに気づきましたか？
Did you __notice__ Ms. O'Neal was singing?

(2) その写真は私たちのハワイ旅行を思い出させます。
That photo reminds me __of__ our trip to Hawaii.

(3) あなたは中学校を卒業した日を覚えていますか。
Do you __remember__ the day you graduated from junior high school?

(4) あなたは必要なもの全てを持っていることに気づくべきです。
You should __realize__ that you have everything you need.

解答のヒント

1(1) 直後に「人」を置いて「思い出させる」場合は remind で表します。
(2) 直後に「ことがら」を置いて「覚えている」場合は remember で表します。
(3) ミカという知人に対して「知っていることについて気づく・認識する」場合は recognize で表します。

2(1)「歌っている」ことを聴覚などの「五感で気づく」場合は notice で表します。
(2)「（出来事など）を思い出させる」という意味の remind は直後に「人」を置き，その後に前置詞 of と出来事の順で続けます。
(3)「（出来事など）を覚えている」場合は remember で表します。
(4)「（状況など）を考えて気づく」場合は realize で表します。

06 意外な意味をもつ動詞

本文 27 ページ

1 （　）内から適するものを選び，〇で囲みましょう。

(1) 当社はお客様からのご要望にお応えしたいと思います。
We'd like to ((meet) / address) the requests from our customers.

(2) タケモトさんは衣料品店を 10 年経営しています。
Mr. Takemoto has ((run) / walk) his clothing shop for ten years.

(3) そこに着いたら携帯でメールします。
I'll ((text) / ship) you when I get there.

(4) その会議はどのくらい続きましたか？
How long did the meeting ((last) / expect)?

2 （　）内の語を並べかえて，英文を完成させましょう。

(1) その店は送料を請求しませんでした。
(charge / any / shop / didn't / shipping / the / costs).
　　The shop didn't charge any shipping costs　　　　　.

(2) 今夜，２人席を予約しましたか？
(tonight / you / seats / booked / have / for / two)?
　　Have you booked seats for two tonight　　　　　?

(3) CEO は従業員を解雇しないことに決めました。
(not / decided / to / any / fire / the / employees / CEO).
　　The CEO decided not to fire any employees　　　　　.

解答のヒント

1(1)「（リクエストや要望など）を満たす，に応える」は meet です。「会う」という意味ももつ単語です。
(2)「（会社など）を経営する」は run です。自動詞として「走る」という意味ももつ単語です。
(3) 携帯電話などで「メールする」は text です。名詞として「文章」という意味ももつ単語です。
(4)「続く」は last です。形容詞として「最後の」という意味ももつ単語です。

2(1)「その店は」→「請求しませんでした」→「送料を」という語順で書きましょう。否定文で「どんな〜も」という意味をもつ any を名詞の前に置いて，any shipping costs としましょう。
(2)「（すでに）〜しましたか？」という文は〈have＋過去分詞〉の現在完了形を使います。話し相手（あなた）に対する疑問文なので，Have you から書き出しましょう。その後は「予約する」→「席を」→「２人（のための）」という語順で書きましょう。
(3)「CEO は」→「決めました」→「解雇しないことを」→「（どんな）従業員も」という語順で書きましょう。「解雇しないこと」は，不定詞を使って not to fire と表せます。

07 可算名詞，不可算名詞とは

本文31ページ

1 （　　）内から適するものを選び，○で囲みましょう。

(1) 私たちは世界に平和をもたらすためにお互いを尊重しなければなりません。
We must respect each other to bring ((peace) / peaces) to the world.

(2) 彼女は美しい眼鏡をたくさん持っています。
She has a lot of beautiful (glass / (glasses)).

(3) ミホは今日，ひとつの会議とふたつの授業に参加する予定です。
Miho will attend a ((meeting) / meetings) and two (class / (classes)) today.

(4) 彼らは他のチームについて多くの情報を持っていませんでした。
They didn't have (many / (much)) information about other teams.

2 （　　）内の語句を並べかえて，英文を完成させましょう。

(1) たくさんの車が一列に並んでいます。
(a lot of / a / up / are / in / lined / row / cars).
　A lot of cars are lined up in a row　.

(2) より多くの女性が私の会社内のチームリーダーになるべきです。
(in / women / more / should / team / my / leaders / company / become).
　More women should become team leaders in my company　.

(3) マサミは仕事のせいで昨日あまり眠っていません。
(didn't / work / sleep / get / Masami / yesterday / much / due to).
　Masami didn't get much sleep yesterday due to work　.

解答のヒント

1(1)「平和」peace は不可算名詞なので，複数形にはしません。

(2)「眼鏡」glasses は2つのレンズがペアになっているので，1組であっても複数形にします。

(3) 1つめの空欄の前に冠詞 a があるので，その後ろの名詞は単数形になります。2つめの空欄の前には two があり，複数なので classes と複数形になります。

(4)「情報」information は不可算名詞なので，「多くの」は much を使います。

2(1)「たくさんの車が」→「並べられています」→「一列に」という語順で書きましょう。「たくさんの」は後ろに可算名詞も不可算名詞もどちらでも置ける a lot of が使えます。「並べられている」は〈be動詞＋過去分詞〉の受動態を用いて，are lined up と表します。「一列に」は in a row というフレーズで表します。

(2)「より多くの女性が」→「なるべきです」→「チームリーダーに」→「私の会社内の」という語順で書きましょう。「～するべき」は助動詞 should を使いましょう。

(3)「あまり眠っていません」は「たくさんの睡眠を得ていません」と言い換えます。「マサミは」

→「得ていません」→「たくさんの睡眠を」→「昨日」→「仕事のせいで」という語順で書きましょう。「～のせいで」は due to と表します。

---

08 注意したい可算名詞と不可算名詞

本文33ページ

1 （　　）内から適するものを選び，○で囲みましょう。

(1) 引っ越してから新しい家具を手に入れました。
They got new ((furniture) / furnitures) after moving.

(2) 最近，彼女は仕事で忙しいです。
Recently, she has been busy at ((work) / works).

(3) コガさんは子供たちと一緒にチキンカレーを食べました。
Ms. Koga ate (a chicken / (chicken)) curry with her children.

(4) 私たちは幸せに暮らすのに十分なお金を持っています。
We have enough (a money / (money)) to live happily.

2 日本語を参考にして，英文の　　　に適切な語を入れましょう。

(1) カキウチさんは家族と一緒にケーキ4切れを食べました。
Mr. Kakiuchi ate four　pieces　of　cake　with his family.

(2) 自分でジュエリーを購入したことはありますか？
Have you ever bought any　jewelry　for yourself?

(3) このシェアハウスにはさまざまな人々が住んでいます。
Various kinds of　people　live in this shared house.

解答のヒント

1(1)「家具」furniture は不可算名詞なので，複数形にはなりません。

(2)「仕事」という意味の work は不可算名詞なので，複数形にはなりません。

(3)「鶏肉」という意味の chicken は不可算名詞なので，冠詞 a はつきません。

(4)「お金」money は不可算名詞なので，冠詞 a はつきません。

2(1)「ケーキ4切れ」は「4切れ」of「ケーキ」という語順で書きましょう。ケーキ1切れは piece，4切れだと複数形になって four pieces となります。

(2)「ジュエリー」は「宝石類」という不可算名詞 jewelry で表します。

(3)「人々」は people で表します。

---

09 使い分けに注意したい名詞

本文35ページ

1 日本語を参考にして，英文の　　　に適切な語を入れましょう。

(1) ナナの誕生日を祝うために5人のお客さんが彼女の家に来ました。
Five　guests　came to Nana's house to celebrate her birthday.

(2) ほとんどのお客様が当社の配達サービスに満足しています。

Most clients are satisfied with our delivery service.

(3) バス料金は来月変更されます。

Bus fare will change next month.

(4) ユウコは授業料をそのウェブサイトで調べました。

Yuko looked up the tuition fee on the website.

2 (   ) 内の語を並べかえて，英文を完成させましょう。

(1) 私の購入品の送料を教えてください。

(me / shipping / tell / cost / my / for / purchase / the).

  Tell me the shipping cost for my purchase .

(2) 今日は美術館を訪れる人がとても多いです。

(museum / are / so / there / visitors / to / the / many) today.

  There are so many visitors to the museum today .

(3) コンサートの間，聴衆はとても興奮していました。

(excited / the / was / during / very / the / concert / audience).

  The audience was very excited during the concert .

解答のヒント

1 (1) 家に来る「客」は guest です。「5人」なので複数形にしましょう。

(2) サービスを受ける「客」は client です。「ほとんどの」を表す Most がつくときは複数形にしましょう。

(3) バスなどの乗り物の「料金」は fare です。

(4)「授業料」は tuition fee です。

2 (1)「教えてください」→「送料を」→「私の購入品の」という語順で書きましょう。「送料」は the shipping cost と表せます。

(2)「～がある」「～がいる」という文は There is [are] で書き出すことができます。「います」→「とても多くの訪れる人が」→「美術館を」→「今日」という語順で書きましょう。美術館などを「訪れる人」は visitors と表します。many「多い」を伴うので複数形で書きましょう。

(3) コンサートなどの「聴衆」は audience で表します。team や family と同じ集合名詞でコンサート1回分を「1つ」にまとめて数えます。ここでは特定の観客と考えて，定冠詞 the をつけて，The audience から書き出しましょう。「聴衆は」→「とても興奮していました」→「コンサートの間」という語順で書きましょう。人が「興奮している」という感情を表す場合は〈be 動詞＋過去分詞〉の受動態を用います。ここでは「とても」very も加えて，was very excited とします。

---

10 冠詞の種類

本文37ページ

1 (   ) 内から適するものを選び，〇で囲みましょう。

(1) 彼は私に有名な本をくれました。その本はとても貴重です。

He gave me ((a) / an / the) famous book. (A / An / (The)) book is very valuable.

(2) ここに署名してください。ペンはありますか？

Please sign here. Do you have ((a) / an / the) pen?

(3) その話を聞いたのを覚えています。

I remember you told me (a / an / (the)) story.

(4) エリコはオレンジ1つとリンゴを2つ買いました。

Eriko bought (a / (an) / the) orange and two apples.

2 日本語を参考にして，英文の □ に適切な語を入れましょう。

(1) サングラスをかけずに太陽を見ないでください。

Don't look at the sun without wearing a pair of sunglasses.

(2) 1990 年代，カトウ家は，ある都市部に住んでいました。

In the 1990s, the Katos lived in an urban area.

(3) 私はその駅で男性が年配の女性を手伝っているのを見ました。

I saw a man helping an elderly woman at the station.

解答のヒント

1 (1)「本」が最初に登場するときは a，2度目以降に同じ「本」を指す場合は the を使います。

(2) 特定の「ペン」ではなく，「なにか書くもの」という不特定の意味なので，a を使います。

(3)「その話」と特定されているので the を使います。

(4)「1つ」の意味を表すのは a または an ですが，orange という単語の頭文字の発音が母音 o なので an を使います。

2 (1)「太陽」は一つしかないものなので，the を使います。「サングラス」は2つのレンズで1セットという意味を表す a pair of を使います。

(2)「年代」の前には the，「一家」の前にも the を使います。「都市部」urban area の area「地域，地区」は可算名詞で，形容詞 urban の頭文字の発音が母音 u なので，an を使います。

(3) 話に初めて出てきた「男性」man と「年配の女性」elderly woman はどちらも不定冠詞 a [an] を使って a man と an elderly woman となります。elderly という単語の頭文字の発音が母音 e なので an を使います。「その駅で」というのは特定できる場所なので，the を使います。

11 冠詞をつけない場合のルール

本文39ページ

1 （　　）内から適するものを選び、〇で囲みましょう。

(1) 7月にノリコはニューヨークに行きました。
In ((July) / a July / the July), Noriko went to ((New York) / a New York / the New York).

(2) 夕食に魚を食べましょう。
Let's eat (a fish / the fish / (fish)) for dinner.

(3) あなたは普段は何時に寝ますか。
What time do you usually go to (a bed / the bed / (bed))?

(4) あなたはリンゴが好きですか。
Do you like (apple / an apple / (apples))?

2 （　　）内の語を並べかえて、英文を完成させましょう。

(1) 彼女は友達と電車で通学しました。
(went / she / to / by / her / school / train / with) friends.
She went to school by train with her _____ friends.

(2) タダさんご一家は1年前に東京に引っ越しました。
(Tokyo / to / moved / Tadas / a / ago / the / year).
The Tadas moved to Tokyo a year ago _____.

(3) 私は月を見上げて写真を撮りました。
(and / looked / I / up / took / at / photo / the / moon / a).
I looked up at the moon and took a photo _____.

解答のヒント

1(1) July などの月や、New York などの地名には冠詞をつけません。
(2) eat の後ろに置く場合、「魚肉」という食材として不可算名詞の fish を置きます。
(3) 「寝る」という目的を表すときは、bed には冠詞をつけません。
(4) 「〜が好き」というときは、a/an＋単数形ではなく、無冠詞の複数形を使います。

2(1) 「彼女は」→「通学しました」→「電車で」→「友達と」という語順で書きましょう。「通学」は「学校に行く」と言い換えます。このとき、「勉強する」という目的を表すので、school の前には冠詞はつけません。また「電車で」という機能や手段を表す時も train の前に冠詞はつけません。「友達」は「彼女の友達」というように代名詞の所有格 her を使って her friends とします。
(2) 「タダさんご一家は」→「引っ越しました」→「東京に」→「1年前に」という語順で書きましょう。「〜家」というときには、〈The＋苗字 s〉で表します。地名の Tokyo には冠詞をつけず、「1年」は「ひとつ」という意味を表す冠詞 a をつけて、a year とします。
(3) 「私は」→「見上げて」→「月を」→「撮りま

した」→「写真を」という語順で書きましょう。「月」はひとつしかないものなので冠詞 the をつけます。「写真」にはこの場合、「1枚撮る」と考えて、a photo とします。the moon の後ろには接続詞 and を置いて、文を続けましょう。

12 使い分けに注意したい代名詞①

本文43ページ

1 日本語を参考にして、英文の ____ に適切な語を入れましょう。

(1) チームメンバーの中で、1人が他をリードします。
Among the team members, **one** leads **the** **others** .

(2) 彼は2冊の本を手に入れました。彼は一方を読み、もう一方を売りました。
He got two books. He read **one** and sold **the** **other** .

(3) 便利なコンピューターを持っています。より良いものを見つけるのは難しいです。
I have a useful computer. It's hard to find a better **one** .

(4) 犬の中には、屋内に留まりたい犬もいれば、外に行くのが好きな犬もいます。
Some dogs want to stay inside, and **others** like to go outside.

2 （　　）内の単語を用いて、日本文を英文にしましょう。

(1) ユキチは本を読もうとしましたが、それをカネコさんに渡しました。
(tried / but / gave)
Yukichi tried to read a book, but he gave it to Mr. Kaneko.

(2) グラス1杯の水をおかわりできますか？ (can / have / glass)
Can I have another glass of water?

(3) 友達が私に新しい時計を見せてくれたとき、私は時計を買いたくなりました。
(showed / watch / wanted)
When my friend showed me his[her] new watch, I wanted to buy one.

解答のヒント

1(1) 同じチームメンバーの中で「1人」は one、複数の他のメンバーは特定できるので、冠詞 the を付けて others と表します。
(2) 2冊の本のうち「一方」は one、「もう一方」は特定できるので、冠詞 the をつけて the other と表します。
(3) 1文目に computer が登場していて、それと同じ種類のコンピューターは one で表します。
(4) 「〜の中には〇〇もいれば、□□もいる」という文は、some と others を使って表します。some「いくつか」と、それに対する others「その他」のようにセットで使います。
2(1) 「ユキチは」→「読もうとしました」→「本を」→「しかし」→「彼は」→「渡しました」→「それを」→「カネコさんに」という語順で書きましょ

う。「〜しようとしました」は与えられた単語 tried を使って〈tried to 動詞の原形〉と表します。文前半の「本」a book, 文後半の「それ」は同一のものなので, it で表します。「ものを人に渡す」は〈give ＋もの＋ to ＋人〉で表します。

(2) 何かをもらいたい場合, 与えられた単語 can と have を使って, Can I have 〜と書き出します。「グラス一杯の水」は a glass of water と表しますが, 「おかわり」は a のかわりに another を使って another glass of water とします。

(3) 「〜したとき」→「友達が」→「見せてくれた」→「私に」→「新しい時計を」→「私は」→「買いたくなりました」→「時計を」という語順で書きましょう。「友達」は私の友達なので my friend, 「新しい時計」は彼または彼女の時計なので, his[her] new watch と代名詞の所有格を補いましょう。後半の「時計」は前出の時計と同じものではないので it ではなく, one で表します。

be 動詞は are になります。

(4) 「必要なのは〜だけ」という文は「必要なすべてのこと」と言い換えられます。「すべて」は all と表します。この場合の all は単数扱いなので, be 動詞は is になります。

2 (1) 「ひとりも〜ない」という意味をもつ none of the 複数名詞から書き出しましょう。複数名詞は「生徒」students を入れます。「出席している」は be present で表します。be 動詞の過去形にして were present としましょう。最後に「クラスには」in the class を置きます。

(2) 「私は」→「知っています」→「ほとんどの先生を」→「自分の高校の」という語順で書きましょう。「ほとんどの〜」は〈most of the 複数名詞〉で表します。「自分の」は「私の」my に置き換えて, my high school としましょう。

(3) 「ポールは」→「話します」→「両方を」→「英語と日本語の」→「仕事で」という語順で書きましょう。「AとBの両方」は both A and B で表します。

13 使い分けに注意したい代名詞②

1 （　）内から適するものを選び, ○で囲みましょう。

(1) その兄弟に会った時, どちらかと話しましたか？
When you met the brothers, did you talk to (either / neither)? 〔either に○〕

(2) リンゴが2つありました。ツルタさんは両方を手に入れました。
There were two apples. Mr. Tsuruta got (most / both). 〔both に○〕

(3) ほとんどの人がニュースに興味を持っています。
(All / Most) are interested in the news. 〔Most に○〕

(4) 私たちに必要なのは愛だけです。
(Each / All) we need is love. 〔All に○〕

2 （　）内の語を並べかえて, 英文を完成させましょう。

(1) クラスには生徒がひとりも出席していませんでした。
(the / present / of / students / class / none / in / the / were).
　　None of the students were present in the class .

(2) 私は自分の高校のほとんどの先生を知っています。
(school / high / most / know / of / the / teachers / I / in / my).
　　I know most of the teachers in my high school .

(3) ポールは仕事で英語と日本語の両方を話します。
(English / at / work / speaks / Paul / and / Japanese / both).
　　Paul speaks both English and Japanese at work .

解答のヒント

1 (1) 「どちらか」は either です。neither は「どちらも〜ない」と否定の意味を含みます。

(2) 「両方」は both です。

(3) 「ほとんどの人」は most です。複数扱いなので,

14 所有代名詞と再帰代名詞

1 日本語を参考にして, 英文の｜｜｜｜に適切な語を入れましょう。

(1) アミさんはプレゼンテーションの前に独り言を言っていました。
Ms. Ami was talking to herself before the presentation.

(2) より良い答えを見つけるために自分で考えてください。
Think for yourself to find a better answer.

(3) 生徒たちは自分たちで問題を解決しました。
The students solved the problem themselves .

(4) 今日は傘を持っていないので, あなたの傘を借りたいです。
I don't have my umbrella today, so I'd like to borrow yours .

2 （　）内の語を並べかえて, 英文を完成させましょう。

(1) 試合に勝った後, 彼らは興奮して我を忘れていました。
After (excitement / the / they / themselves / game / winning / were / beside / with).
After winning the game, they were beside themselves with excitement .

(2) この薬は本来無害ですが, 服用には十分注意してください。
(when / itself / this / is / in / but / be / harmless / careful / taking / medicine / it).
　　This medicine is harmless in itself, but be careful when taking it .

(3) 私は着替えて, 鏡で自分の姿を見ました。
(looked / I / the / clothes / and / at / changed / myself / in / mirror / my).
　　I changed my clothes and looked at myself in the mirror .

1(1)「独り言を言う」は talk to oneself です。Ms. Ami は女性なので herself となります。

(2) この文の「自分で」は「あなた自身で」ということなので yourself を使います。

(3) この文の「自分たちで」は「彼ら自身で」ということなので themselves を使います。

(4) 文の前半で umbrella が登場し，それを受けて「あなたのもの（傘）」という場合は yours を使います。

2(1)「勝った後」→「試合に」→「彼らは」→「我を忘れていました」→「興奮して」という語順で書きましょう。前置詞 After の後ろには名詞または動名詞を入れます。「勝つ」の動名詞 winning を続けましょう。「我を忘れる」は be beside oneself で表します。この場合は過去形で，「彼ら」のことなので were beside themselves とします。「興奮して」は with excitement と表します。

(2)「この薬は」→「無害です」→「本来」→「しかし」→「注意してください」→「服用するときは」という語順で書きましょう。「本来」は in oneself で表します。ここでは「薬」という「もの」なので，in itself となります。

(3)「私は」→「着替えて」→「見ました」→「自分の姿を」→「鏡で」という語順で書きましょう。「着替える」は change one's clothes で表します。ここでは過去形で「私の洋服を」ということなので，changed my clothes となります。「自分の姿」は「私自身を」ということなので，myself を使いましょう。

15 形容詞のはたらきと用法

本文51ページ

1 （　）内の語を並べかえて，英文を完成させましょう。

(1) アカネは息子の誕生日に楽しいものを探しました。
(fun / for / looked / her / son's / Akane / for / something / birthday).

　　Akane looked for something fun for her son's birthday.

(2) 彼らは会議で重要なことについて何も話しませんでした。
(didn't / the / talk / they / anything / meeting / important / at / about).

　　They didn't talk about anything important at the meeting.

(3) レイコは昨日の午後，その英語の授業に出席しました。
(in / was / Reiko / present / afternoon / English / class / the / yesterday).

　　Reiko was present in the English class yesterday afternoon.

(4) その探偵はさらなる調査の後，ある手がかりを見つけました。
(investigation / a / detective / the / certain / clue / after / found / more).

　　The detective found a certain clue after more investigation.

2 （　）内の単語を用いて，日本文を英文にしましょう。

(1) その観光客たちは土産物屋で何も高価なものを買いませんでした。
(tourists / nothing / souvenir)

　　The tourists bought nothing expensive at a souvenir shop.

(2) 彼はその実験が成功することを確信していますか？
(certain / experiment / successful)

　　Is he certain that the experiment will be successful?

(3) 彼はこの会社の現在の CEO です。(present / CEO / company)

　　He is the present CEO of this company.

1(1)「アカネは」→「探しました」→「楽しいものを」→「息子の誕生日に」という語順で書きましょう。「探す」は look for，「楽しいもの」は something fun で表します。「息子」は「彼女の息子」なので，代名詞の所有格 her を補いましょう。

(2)「彼らは」→「話しませんでした」→「重要なことについて何も」→「会議で」という語順で書きましょう。「〜について話す」は talk about，「重要なことは何も」は anything important で表します。

(3)「レイコは」→「出席しました」→「その英語の授業に」→「昨日の午後」という語順で書きましょう。「出席する」は be present なので，be 動詞を過去形にして was present で表します。

(4)「その探偵は」→「見つけました」→「ある手がかりを」→「さらなる調査の後」という語順で書きましょう。「ある手がかり」は a certain clue と表します。「探偵」は detective，「調査」は investigation です。「さらなる調査の後」は最初に置くこともできます。

2(1)「その観光客たちは」→「何も買いませんでした」→「高価なものを」→「土産物屋で」という語順で書きましょう。「高価なものを何も〜ない」は nothing expensive と表し，動詞 buy「買う」の過去形 bought の後ろに置きましょう。

(2)「彼は」→「確信しています」→「実験が」→「成功することを」という語順で書きましょう。「確信している」は be certain と表します。この文は疑問文なので，Is he certain 〜と書き出しましょう。「〜すること」という意味をもつ接続詞 that を置いて文をつなげます。「成功する」というのは，これから先のことと考えられるので，未来を表す助動詞 will を使いましょう。「成功する」は be successful で表します。

(3)「彼は」→「現在の CEO です」→「この会社の」という語順で書きましょう。「現在の」は

present を名詞 CEO の前に置く限定用法で表します。

16 使い分けに注意したい形容詞 本文 53 ページ

1 （　）内から適するものを選び，○で囲みましょう。

(1) 彼女は立派なビジネスを経営しています。
She runs a ((respectable) / respective) business.

(2) その作家は昨年，文学賞を受賞しました。
The writer won a (literate / (literary)) award last year.

(3) タカオは私たちにとって賢明な助言者です。
Takao is a ((sensible) / sensitive) adviser to us.

(4) ヨウコは昨日かなりの金額を使いました。
Yoko spent a (considerate / (considerable)) amount of money yesterday.

2 日本語を参考にして，英文の ＿＿＿ に適切な語を入れましょう。

(1) 彼は顧客に対して好意的な態度を取り続けました。
He maintained a **favorable** attitude toward his clients.

(2) 私たちはより経済的な選択肢が欲しいです。
We want a more **economical** option.

(3) 生徒たちはそれぞれの家に戻りました。
Students went back to their **respective** houses.

解答のヒント

1(1) 「立派な」は respectable です。respective は「それぞれの」という意味です。
(2) 「文学の」は literary です。literate は「読み書きができる」という意味です。
(3) 「賢明な」は sensible です。sensitive は「敏感な」という意味です。
(4) 「かなりの」は considerable です。considerate は「思いやりのある」という意味です。
2(1) 「好意的な」は favorable です。
(2) 「経済的な」は economical です。
(3) 「それぞれの」は respective です。

17 数量を表す形容詞 本文 55 ページ

1 日本語を参考にして，英文の ＿＿＿ に適切な語を入れましょう。

(1) あなたは学生時代にたくさん本を読みましたか。
Did you read **many** books when you were a student?

(2) 私たちにがっかりしている時間はありません。
We have **no** time to be disappointed.

(3) アヤは4人の子どもを育てるのに十分なエネルギーを持っていました。
Aya had **enough** energy to raise her four children.

(4) 彼女はアクション映画にはあまり興味がありません。
She doesn't have **much** interest in action movies.

2 （　）内の語を並べかえて，英文を完成させましょう。

(1) 私は月に数回ピアノの練習をしています。
(piano / few / practice / month / I / the / a / times / a).
<u>I practice the piano a few times a month</u>

(2) フジタ先生は他の先生よりも多くの生徒と話しました。
(did / talked / more / other / students / than / Mr. Fujita / with / teachers).
<u>Mr. Fujita talked with more students than other teachers did</u>

(3) グラスに水がほとんどありません。
(in / is / little / the / water / glass / there).
<u>There is little water in the glass</u>

解答のヒント

1(1) 空欄直後の books「本」が可算名詞の複数形で，前に置く「たくさん」は many です。
(2) 「～がありません」は have no ～ と表します。
(3) 「十分な」は enough です。
(4) 空欄直後の interest「興味」が不可算名詞なので，「あまり（多くの）」は much です。このようにmuchをnotで否定すると「あまり～ない」という意味になります。
2(1) 「私は」→「練習しています」→「ピアノを」→「数回」→「月に」という語順で書きましょう。「数回」は a few times と表します。「（ひと）月に」という場合は，回数の後ろに a month をつけて表します。
(2) 「フジタ先生は」→「話しました」→「（より）多くの生徒と」→「他の先生たち（がした）」という語順で書きましょう。「…より多くの～」は more ～ than … で表します。than の後ろには「他の先生が話したよりも」という文を置きますが，talked「話した」は文の前半で出てきているので，言い換えて did を使います。
(3) 不可算名詞 water が「ほとんどない」というときは，little を使います。「～がある」「～がいる」ということが表せる There is を文頭に置いて，その後に little water と続けましょう。

18 副詞のはたらき① 本文 59 ページ

1 （　）内から適するものを選び，○で囲みましょう。

(1) 彼は雨の日はゆっくり歩きます。
He walks (slow / (slowly)) on rainy days.

(2) シンノスケは頻繁に牡蠣を食べます。
Shinnosuke (frequent / (frequently)) eats oysters.

(3) 彼女はとても元気にそのプレゼンをしました。
She gave the presentation very (cheerful /(cheerfully)).

(4) そのテストは高校生にとって十分簡単でした。
The test was ((easy enough)/ enough easy) for high school students.

2 （　）内の語を並べかえて，英文を完成させましょう。

(1) パーティの夕食はかなりおいしかったです。
(good / was / the / at / the / party / pretty / dinner).
　　The dinner at the party was pretty good　　.

(2) 昨日ユキは仕事をとても早く完了しました。
(her / fast / completed / tasks / so / Yuki / yesterday).
　　Yuki completed her tasks so fast yesterday　　.

(3) フセさんは仕事中はいつも丸眼鏡をかけています。
(wears / work / Mr. Fuse / round / always / glasses / at).
　　Mr. Fuse always wears round glasses at work　　.

解答のヒント

1(1) 動詞 walks「歩きます」を修飾するのは副詞 slowly「ゆっくり」です。

(2) 動詞 eats「食べます」を修飾するのは副詞 frequently「頻繁に」です。

(3) 動詞 gave (the presentation)「(そのプレゼン) をしました」を修飾するのは副詞 cheerfully「元気に」です。

(4) enough「十分」は，形容詞 easy「簡単」の後ろに置きます。

2(1)「夕食」→「パーティの」→「かなり」→「おいしかったです」という語順で書きましょう。形容詞 good「おいしい」を修飾する「かなり」という副詞には pretty を使います。

(2)「ユキは」→「完了しました」→「仕事を」→「とても早く」→「昨日」という語順で書きましょう。「とても早く」は副詞2つを並べて so fast と表せます。「仕事」は彼女の仕事なので，her tasks と代名詞の所有格を用いて書きましょう。

(3)「フセさんは」→「いつも」→「かけています」→「丸眼鏡を」→「仕事中は」という語順で書きましょう。「いつも」という頻度を表す副詞は always で，一般動詞「かけている」＝「身につけている」wears の前に置きます。

19 副詞のはたらき② 本文61ページ

1 日本語を参考にして，英文の＿＿＿＿に適切な語を入れましょう。

(1) 基本的に，私たちが健康を維持するためには十分な睡眠が必要です。
　Basically　, we need enough sleep to keep healthy.

(2) この通りを下りましょう。
Let's go　down　the street.

(3) カナコは「素晴らしい」と言い，タカシマさんは「その通り」と答えました。
Kanako said, "Excellent," and Ms. Takashima replied, "　Exactly　."

(4) この書類が欲しいのは今日ですか，明日ですか。
Do you want this document　today　or　tomorrow　?

2 日本語を参考に，以下の＿＿内の単語を用いて，英文の＿＿＿＿に適切な語を入れましょう。

(1) 驚いたことに，ムロヤさんはその時真実を知りませんでした。
　Surprisingly　, Ms. Muroya didn't know the truth　then　.

(2) 私は明日あなたにそこで会えますか。
Can I see you　there　tomorrow　?

(3) 彼らは今，熱心に英語を学んでいます。
They are studying English　enthusiastically　now　.

there / surprisingly / enthusiastically / now / then / tomorrow

解答のヒント

1(1) 文頭に置いて，文を修飾する副詞「基本的に」は basically です。

(2)「下りる」は go down です。副詞 down が「下へ」という意味です。

(3) 会話で返答として使う「その通り」は副詞 exactly です。

(4)「今日」today,「明日」tomorrow は時を表す副詞でよく文末に置かれます。

2(1) 文頭に置いて文を修飾する副詞「驚いたことに」は surprisingly です。「その時」は副詞 then で表します。

(2) 場所を表す副詞「そこで」は there，時を表す副詞「明日」は tomorrow です。このように副詞を重ねて使う場合は，「場所→時」の順が自然です。

(3) 動詞の様態を表す副詞「熱心に」は enthusiastically，時を表す副詞「今」は now です。このように副詞を重ねて使う場合は，「様態→時」の順が自然です。

20 「ほとんど」を表す副詞 本文63ページ

1 （　）内から適するものを選び，○で囲みましょう。

(1) カワバタさんは夜にほとんどすべてのケーキを食べました。
Mr. Kawabata ate ((almost all)/ almost) the cake at night.

(2) ここでは夏に雨が降ることはめったにありません。
It ((rarely rains)/ doesn't rarely rain) here in summer.

(3) 彼らはその話をほとんど信じることができません。
They can (hardly / almost) believe the story.

(4) リヨは週末に朝食をとることはめったにありません。
Riyo (seldom has / doesn't seldom have) breakfast on weekends.

2 （　）内の語を並べかえて，英文を完成させましょう。

(1) アキコは 10 時間近く寝続けていました。
(sleeping / kept / Akiko / ten / for / hours / nearly).

　　Akiko kept sleeping for nearly ten hours　　　　.

(2) 外がとても暑いので，私はほとんど息ができません。
(outside / scarcely / can / hot / it's / breathe / because / very / I).

　　I can scarcely breathe because it's very hot outside　.

(3) 彼は妻の誕生日をほとんど忘れるところでした。
(birthday / his / forgot / almost / wife's / he).

　　He almost forgot his wife's birthday　　　　　　.

解答のヒント

1 (1) 「ほとんどすべて」は almost all です。
(2) 「めったに～ない」は rarely です。この単語自体に否定的な意味が含まれているので，not は伴いません。
(3) 「ほとんど～ない」は hardly です。almost は「ほとんど」で，否定の意味を含みません。
(4) 「めったに～ない」は seldom です。この単語自体に否定的な意味が含まれているので，not は伴いません。

2 (1) 「アキコは」→「寝続けていました」→「10時間近く」という語順で書きましょう。「～し続ける」は keep -ing で表します。「～近く」「約～」は副詞 nearly を使います。「10時間近く」は期間を表す前置詞 for を使って，for nearly ten hours と表します。
(2) 「私は」→「ほとんど息ができません」→「なぜなら」→「とても暑い」→「外が」という語順で書きましょう。「ほとんど息ができません」は，可能を表す助動詞 can ＋副詞 scarcely「ほとんど～ない」を動詞 breathe の前に置きます。「～ので」は「なぜなら」because に置き換えて文をつなげましょう。天気を表す時は it's を使います。「外がとても暑いので」は文の最初に置くこともできます。
(3) 「彼は」→「ほとんど忘れていました」→「妻の誕生日を」という語順で書きましょう。「ほとんど忘れていました」は副詞 almost で，動詞 forget の過去形 forgot の前に置きます。「妻」は「彼の妻」なので，代名詞の所有格 his を伴います。

---

21 副詞so「とても」の語順

本文65ページ

1 （　）内から適するものを選び，○で囲みましょう。

(1) そんな小さなことを心配するのはやめましょう。
Stop worrying about (so / such) small a matter.

(2) 彼女はとても元気な女の子でした。
She was (so / such) a cheerful girl.

(3) ナオコはマユミをとても長い間待っていました。
Naoko waited for Mayumi for (such / too) long a time.

(4) そんなに重い荷物を運ばないでください。
Don't carry (so / such) heavy a load.

2 （　）内の語を並べかえて，英文を完成させましょう。

(1) 今日は室内にとどまるには（天気が）良すぎる日です。
(day / too / nice / a / to / inside / it's / stay / today).

　　It's too nice a day to stay inside today

(2) このような素晴らしい機会を与えていただき，ありがとうございます。
(for / me / such / great / opportunity / a / you / giving / thank).

　　Thank you for giving me such a great opportunity　.

(3) 私は彼がこんなに面白い先生だとは知りませんでした。
(never / was / funny / so / a / he / teacher / I / knew).

　　I never knew he was so funny a teacher

解答のヒント

1 (1) 空欄直後の形容詞 small の前に置けるのは so です。
(2) 空欄直後の冠詞 a の前に置けるのは such です。
(3) 空欄直後の形容詞 long の前に置けるのは too です。
(4) 空欄直後の形容詞 heavy の前に置けるのは so です。

2 (1) 天気を表す時は it's から書き出します。「良すぎる日」→「室内にとどまるには」→「今日は」という語順で書きましょう。「…するには～すぎる」という文は，too ～ to … が使えます。
(2) 「ありがとうございます」→「(私に) 与えていただき」→「このような」→「素晴らしい機会を」という語順で書きましょう。感謝を述べるときには，thank you for -ing という表現を使います。「このような」は such で，その後には〈冠詞 a ＋形容詞 great ＋名詞 opportunity〉と続けましょう。
(3) 「私は」→「知りませんでした」→「彼が～だったとは」→「こんなに」→「面白い先生」という語順で書きましょう。「(まったく) ～ない」を表す never は動詞の前に置きます。「こんなに」は so で，その後には〈形容詞 funny ＋冠詞 a ＋名詞 teacher〉と続けましょう。

22 接続副詞

本文 67 ページ

1 （　）内から適するものを選び，○で囲みましょう。

(1) 彼女はほとんどお金を持っていませんでした。しかし新しいビジネスを始めました。
She had little money. (**However**)/ Therefore), she started a new business.

(2) よく眠りよく食べてください。さもないと病気になります。
Sleep well and eat well. (**Otherwise**)/ But) you'll get sick.

(3) フシミさんは一生懸命勉強しました。したがってテストに合格しました。
Mr. Fushimi studied hard. (**Thus**)/ Nevertheless), he passed the test.

(4) 昨日は大雨でした。さらに風もとても強かったです。
It rained a lot yesterday. (**Moreover**)/ So), it was very windy.

2 日本語を参考にして，英文の＿＿＿に適切な語を入れましょう。
下の＿＿＿の中から適切なものだけを選んでください。

(1) ナカオカさんは会社から遠いところに住んでいました。したがって彼は引っ越すことにしました。
Mr. Nakaoka lived far from his office. **Therefore** , he decided to move.

(2) マリエは緊張していました。それでもなお，彼女はよいスピーチをしました。
Marie was nervous. **Nonetheless** , she gave a good speech.

(3) 私は外出したくありません。疲れています。その上，雨も降っています。
I don't want to go out. I'm tired. **Besides** , it's raining.

However / Nonetheless / Besides / Otherwise / Therefore

解答のヒント

1 (1) 「しかし」は however です。空欄の前後で逆接の関係になっています。
(2) 「さもないと」は otherwise です。前に命令文を置く場合がよくあります。
(3) 「したがって」は thus です。空欄の前後で順接の関係になっています。
(4) 「さらに」は moreover です。前の文に情報を追加する場合に用います。

2 (1) 「したがって」は therefore です。空欄の前後で順接の関係になっています。
(2) 「それでもなお」は nonetheless と表します。
(3) 「その上」は besides と表します。情報を付け加える時に使います。

23 前置詞の意味と使い方①

本文 71 ページ

1 （　）内から適するものを選び，○で囲みましょう。

(1) ナカニシさんは毎週日曜日によくお店に来ていました。
Mr. Nakanishi used to come to the shop (at /**on**/ in) Sundays.

(2) 私の父は京都生まれです。
My father was born (at / on /**in**) Kyoto.

(3) 私はある雨の日の午後，カフェで面白い本を読みました。
(At /**On**/ In) a rainy afternoon, I read an interesting book at a café.

(4) 彼女はたいてい 5 時に起きます。
She usually wakes up (**at**/ on / in) 5 o'clock.

(5) 2020 年にその特別企画が始まりました。
The special project started (at / on /**in**) 2020.

(6) 私は吉祥寺駅で友達を待ちました。
I waited for my friend (**at**/ on / in) Kichijoji Station.

(7) 彼は夜にカフェインなしのコーヒーを飲みます。
He drinks caffeine-free coffee (**at**/ on / in) night.

(8) 私たちは先週図書館の中でたまたま会いました。
We happened to meet (at / on /**in**) the library last week.

(9) 午前中は集中して仕事をしましょう。
Let's concentrate on working (at / on /**in**) the morning.

(10) 2 時間後にバス停で会いましょう！
See you (**at**/ on / in) the bus stop (at / on /**in**) two hours!

解答のヒント

1 (1) 曜日の前に置く前置詞は on です。「毎週～曜日」という場合は，Sundays のように曜日に -s をつけて表します。
(2) 広い範囲を表す地名の前に置く前置詞は in です。
(3) 「午後」などの広い時間帯の前に置く前置詞は通常は in で，in the afternoon と表しますが，rainy「雨の」などの形容詞がつく場合は on を用いて，on a rainy afternoon となります。
(4) 時刻の前に置く前置詞は at です。
(5) 年号の前に置く前置詞は in です。
(6) 地点を表す駅名などの前に置く前置詞は at です。
(7) night（夜）の前に置くのは at です。night の前に冠詞はつけません。
(8) 「図書館」などの空間の前に置く前置詞は in です。
(9) 「朝」「午前」などの広い時間帯の前に置く前置詞は in です。
(10) 「バス停」などの地点の前に置く前置詞は at です。後ろに時間を置いて「～後」という表現になるのは in です。

24 前置詞の意味と使い方②

本文 73 ページ

1 日本語を参考にして，英文の＿＿＿に適切な前置詞を入れましょう。

(1) クドウさんは駅から自宅まで歩きます。
Mr. Kudo walks **from** the station **to** his home.

(2) アカリは今日までにレポートを提出しなければなりませんでした。

Akari had to submit the report [by] today.

(3) そのレストランは毎日午後9時まで営業しています。

The restaurant is open [until[till]] 9 p.m. every day.

(4) そのテスト前、彼らは早朝から一生懸命勉強しました。

[Before] the test, they studied hard [from] early morning.

(5) 私たちは箸で麺を食べます。

We eat noodles [with] chopsticks.

(6) そこに着くまでタクシーで5分しかかかりません。

It takes only five minutes to get there [by] taxi.

(7) 彼女は私より3歳年上です。

She is older than me [by] three years.

(8) 私と一緒に踊ってください！

Please dance [with] me!

(9) 10分後にオフィスに向かいます。

We'll head [to] the office [in] ten minutes.

1 (1) 「〜から」という起点を表す前置詞は from,「〜に」「〜へ」「〜まで」という目標を表す前置詞は to です。

(2) 「〜までに」という期限を表す前置詞は by です。

(3) 「〜まで」という継続期間を表す前置詞は until [till] です。

(4) 「前」を表す前置詞は before,「〜から」という起点を表す前置詞は from です。

(5) 「箸」などの道具を表す場合に用いる前置詞は with です。

(6) 「タクシー」などの手段を表す場合に用いる前置詞は by です。It takes ＋時間で「（時間が）かかる」という意味を表します。

(7) 「3歳年上」などの差を表す場合に用いる前置詞は by です。

(8) 「〜と一緒に」ということを表す前置詞は with です。

(9) 「〜に」という目標を表す前置詞は to, 後ろに時間を置いて「〜後」という表現になるのは in です。

25 前置詞の意味と使い方③ 本文75ページ

1 （　）内から適するものを選び、○で囲みましょう。

(1) アヒルの家族が道を渡っていました。
A family of ducks walked (after /(across)/ above) the road.

(2) 山を越えてその町へ行こう！
Let's go to the city ((over)/ under / in) the mountain!

(3) タツヤの新しい本は彼の予想を超えてよく売れています。
Tatsuya's new book is selling well (below /(beyond)/ behind) his expectations.

(4) 私のネコは椅子の下にいるのが好きです。
My cat likes to stay (through /(under)/ above) the chair.

(5) 病院の裏に薬局がいくつかあります。
There are some pharmacies (from /(behind)/ over) the hospital.

(6) 美しい太陽が地平線の上に昇りました。
The beautiful sun rose (to /(above)/ by) the horizon.

(7) 20歳未満の人に選挙権はありますか？
Do people (beyond /(under)/ with) the age of 20 have the right to vote?

(8) 長いトンネルを抜けて、新幹線は駅に着きました。
((Through)/ To / Until) the long tunnel, the bullet train reached the station.

1 (1) 「道」などを「渡って」というイメージを表す前置詞は across です。

(2) 「山」などを「越えて」というイメージを表す前置詞は over です。

(3) 「予想」などを「超えて」というイメージを表す前置詞は beyond です。

(4) 「椅子」などの「下に」というイメージを表す前置詞は under です。

(5) 「病院」などの「後ろ」「裏」というイメージを表す前置詞は behind です。

(6) 「地平線」などの「上に」というイメージを表す前置詞は above です。

(7) 「20歳未満」などの「〜より下」というイメージを表す前置詞は under です。

(8) 「トンネル」などを「抜ける」「通って」というイメージを表す前置詞 through です。

26 前置詞の意味と使い方④ 本文77ページ

1 日本語を参考に、英文の [　　] に適切な語句を以下の [　　] 内から選んで入れましょう。

(1) 公式サイトで記事全文を読むことができます。
You can read the full text [of] the article on the official website.

(2) ヤマウチさんのネコはいつも空の箱に入ります。
Mr. Yamauchi's cat always goes [into] empty boxes.

(3) ほとんどの人はその計画に反対しています。
Most people are [against] the plan.

(4) この歌手はティーンエイジャーの間でとても人気があります。
This singer is very popular [among] teenagers.

(5) これはあなたと私の間の秘密です。
This is a secret [between] you and me.

14

(6) トクナガさんは彼の作品についてインタビューを受けました。
Mr. Tokunaga was interviewed **about** his works.

(7) 私はたいてい短い時間で浴槽から出ます。
I usually get **out of** the bathtub after a short time.

(8) これはあなたへのプレゼントです。
This is a present **for** you.

(9) 月は地球のまわりを回っています。
The moon goes **around** the earth.

about / against / among / between / for / into / of / out of / around

解答のヒント

1(1) 「記事（の）全文」と言葉を補って考えます。「〜の」という関連を表す前置詞は of です。
(2) 「〜の中へ」というイメージを表す前置詞は into です。
(3) 「〜に対して」「〜に反対して」というイメージを表す前置詞は against です。
(4) 「ティーンエイジャー（たち）」という「3者以上の間で」というイメージを表す前置詞は among です。
(5) 「あなたと私」という「2者間で」というイメージを表す前置詞は between です。
(6) 「〜について」という周辺情報を表す前置詞は about です。
(7) 「〜の外へ」というイメージを表す前置詞句は out of です。get out of 〜で「〜の外へ出る」「〜から出る」ということを表します。
(8) 「〜へ」「〜のために」というイメージを表す前置詞は for です。
(9) 「〜のまわりに」というイメージを表す前置詞は around です。

27 群前置詞

本文79ページ

1 （　）内から適するものを選び、〇で囲みましょう。

(1) 今日現在、アズサは過去最高のスコアを持っています。
(**As of** / Ahead of) today, Azusa has the best score ever.

(2) 悪天候の場合には、そのイベントは中止になるでしょう。
(In front of / **In case of**) bad weather, the event will be canceled.

(3) 彼らはルームBの代わりにルームAを使用しました。
They used Room A (in terms of / **instead of**) Room B.

(4) 厳しいスケジュールにもかかわらず、コトコはすべてのタスクを完了しました。
(In addition to / **In spite of**) the hard schedule, Kotoko completed all the tasks.

(5) 天気予報によると、明日は晴れるでしょう。
(**According to** / Close to) the weather forecast, it will be sunny tomorrow.

(6) 彼らは手話を使って会話を楽しみました。
They enjoyed talking (with regard to / **by means of**) sign language.

(7) 停電のため、すべての列車が一時停止しました。
(**Due to** / Up to) the blackout, all trains stopped for a while.

(8) 当社を代表して社長がスピーチを行いました。
(**On behalf of** / Prior to) the company, our president gave a speech.

(9) 皆様のご協力のおかげで、私たちは目標を達成しました。
(**Thanks to** / Regardless of) your cooperation, we achieved our goal.

解答のヒント

1(1) 後ろに日時を置いて「〜現在」を表すのは as of です。
(2) 後ろに天気などの条件を置いて「〜に備えて」を表すのは in case of です。
(3) 後ろに元の案を置いて「〜の代わりに」を表すのは instead of です。
(4) 後ろに障害となる状況を置いて「〜にもかかわらず」を表すのは in spite of です。
(5) 後ろに情報源を置いて「〜によると」を表すのは according to です。
(6) 後ろに手段を置いて「〜を使って」「〜によって」を表すのは by means of です。
(7) 後ろに原因を置いて「〜のため」「〜のせいで」を表すのは due to です。
(8) 後ろに会社などの集団を置いて「〜を代表して」を表すのは on behalf of です。
(9) 後ろに助けになったことを置いて「〜のおかげで」を表すのは thanks to です。

28 句動詞

本文81ページ

1 日本語を参考にして、英文の ＿＿＿ に適切な語を入れましょう。

(1) タカシは特別な何かを探していますか？
Is Takashi looking **for** something special?

(2) ムラマツさんはペットを亡くしたショックを乗り越えました。
Mr. Muramatsu got **over** the shock of losing his pet.

(3) 台風のため、そのコンサートは延期されました。
The concert was put **off** because of the typhoon.

(4) その火災が発生する前に彼ら全員が逃げました。
All of them escaped before the fire broke **out**.

(5) その団体は政府に対し、教育への投資を増やすよう求めました。
The group called **on** the government to invest more in education.

(6) イトウさんは昨日レポートを提出しました。
Ms. Ito turned **in** the report yesterday.

(7) チヒロが歌い始めたとき，彼女の才能は目立っていました。

When Chihiro started to sing, her talent stood **out**.

(8) イマムラさんは3匹の犬の世話をしています。

Mr. Imamura looks **after** three dogs.

(9) 私たちに会いに来てくれてありがとうございます！

Thank you very much for dropping **in** to see us!

解答のヒント

1(1)「〜を探す」を表す句動詞は look for です。

(2)「〜を乗り越える」を表す句動詞は get over です。

(3)「〜を延期する」を表す句動詞は put off です。ここでは受け身になっています。

(4)「発生する」を表す句動詞は break out です。

(5)「〜に…を求める」を表す句動詞は call on です。

(6)「〜を提出する」を表す句動詞は turn in です。

(7)「目立つ」を表す句動詞は stand out です。

(8)「〜の世話をする」を表す句動詞は look after です。

(9)「訪ねる」「立ち寄る」を表す句動詞は drop in です。

29 前置詞 with と相性のいい動詞 本文83ページ

1 日本語を参考にして，英文の ☐ に適切な語を入れましょう。

(1) このカップをコーヒーで満たしてください。

Please **fill** this cup **with** coffee.

(2) 外国人は富士山といえば日本を連想することが多いです。

Foreigners often **associate** Mt. Fuji **with** Japan.

(3) このサイトは私たちに必要な情報を毎日提供しています。

This website **provides** us **with** necessary information every day.

(4) 私たちは当社の製品と他社のものを比較するべきです。

We should **compare** our products **with** others'.

2 ( ) 内の語を並べかえて，英文を完成させましょう。

(1) ボランティア職員は人々にきれいな飲み水を供給しました。

(water / supplied / volunteer / with / workers / clean / drinking / people).

Volunteer workers supplied people with clean drinking water.

(2) 今夜私の宿題を手伝ってくれる？

(you / help / my / me / homework / can / tonight / with)?

Can you help me with my homework tonight?

(3) マサヒロはその古い電球を新しいものに交換しました。

(the / a / new / bulb / one / Masahiro / with / replaced / old).

Masahiro replaced the old bulb with a new one.

解答のヒント

1(1)「〜で…を満たす」を表す動詞は fill で，「〜で」を前置詞は with で表します。

(2)「〜といえば…を連想する」を表す動詞は associate で，「…を」を前置詞 with で表します。

(3)「〜に…を提供する」を表す動詞は provide で，「…を」を前置詞 with で表します。主語が The website という3人称単数なので，現在形の動詞には s をつけます。

(4)「〜を…と比較する」を表す動詞は compare で，「…と」を前置詞 with で表します。

2(1)「ボランティア職員は」→「供給しました」→「人々に」→「きれいな飲み水を」という語順で書きましょう。「ものを人に供給する」は〈supply 人 with もの〉という形で表します。

(2)「〜をしてくれますか」という依頼は can you で書き出します。続けて「手伝う」→「私を」→「私の宿題に関して」→「今夜」という語順で書きましょう。「人の〜を手伝う」は〈help 人 with 〜〉という形で表します。

(3)「マサヒロは」→「交換しました」→「その古い電球を」→「新しいものに」という語順で書きましょう。「A を B に交換する」は replace A with B という形で表します。「新しいもの」a new one の one は bulb（電球）を指しています。

30 前置詞 from/into と相性のいい動詞 本文85ページ

1 ( ) 内から適するものを選び，◯で囲みましょう。

(1) 私たちは彼と彼の双子の兄を区別することができませんでした。

We couldn't distinguish him (with /(from)/ into) his twin brother.

(2) 政府は私たちが夜間に外出することを禁止しましたか？

Did the government forbid us (with /(from)/ into) going out at night?

(3) これらの日本語の文を英語に翻訳してください。

Please translate these Japanese sentences (with / from /(into)) English.

(4) このケーキを6つに分けましょう。

Let's divide this cake (with / from /(into)) six pieces.

2 ( ) 内の単語を用いて，日本文を英文にしましょう。

(1) キムラさんは車庫を庭に変えました。(garage / change)

Mr.[Ms.] Kimura changed his[her] garage into a garden.

(2) 社長は従業員に残業するのを禁止しました。

(prohibit / employees)

The president prohibited his[her] employees from working overtime.

(3) あなたはパソコンの画面から目を守るべきです。
(protect / screens)

You should protect your eyes from computer screens .

解答のヒント

1 (1) 「〜を区別する」を表す動詞は distinguish で，区別する対象を前置詞 from で表します。

(2) 「禁止する」を表す動詞は forbid で，「〜することを」を前置詞 from で表します。

(3) 「〜を…に翻訳する」を表す動詞は translate で，「…に」を前置詞 into で表します。

(4) 「〜を分ける」を表す動詞は divide で，分け方を前置詞 into で表します。

2 (1) 「キムラさんは」→「変えました」→「車庫を」→「庭に」という語順で書きましょう。「A を B に変える」は change A into B という形で表します。「車庫」は「彼［彼女］の車庫」なので代名詞の所有格 his［her］をつけて，his［her］garage としましょう。

(2) 「社長は」→「禁止しました」→「従業員に」→「残業するのを」という語順で書きましょう。「人が〜するのを禁止する」は〈prohibit 人 from 〜〉という形で表します。「社長」は特定のひとりを指すので，定冠詞 the をつけた the president とします。「従業員」は「彼［彼女］の従業員」なので代名詞の所有格 his［her］をつけて，his［her］employees としましょう。「残業する」は work overtime と表します。前置詞 from の後ろには動名詞を置くので，working とします。

(3) 「あなたは」→「守るべきです」→「目を」→「パソコンの画面から」という語順で書きましょう。「守るべき」は助動詞 should ＋動詞の原形 protect で表します。「目」は「あなたの目」なので代名詞の所有格 your をつけ，「目」も両目なので複数形にして，your eyes としましょう。

31 前置詞 for/as と相性のいい動詞 本文87ページ

1 （　）内から適するものを選び，○で囲みましょう。

(1) 私は見知らぬ人をいとこと見間違えました。
I mistook a stranger (to / **for** / with) my cousin.

(2) しばらく会っていなかったので，私は彼をいとこして認識できませんでした。
I couldn't recognize him (for / **as** / to) my cousin because we hadn't met for a while.

(3) 千円札を硬貨に交換（両替）できますか？
Can you exchange a 1,000-yen bill (with / **for** / as) coins?

(4) メンバー全員が彼をチームの優れたリーダーだとみなしています。
All members see him (**as** / for / at) a great leader on their team.

2 （　）内の語句を並べかえて，英文を完成させましょう。

(1) シンゴはツヨシを長い間，彼の親友としてみなしています。
(a / regarded / friend / Tsuyoshi / as / his / for / best / has / long / Shingo / time).

Shingo has regarded Tsuyoshi as his best friend for a long time .

(2) 多くの読者がその著者のわくわくするストーリーをほめていました。
(stories / the / readers / author / for / his / a lot of / praised / exciting).

A lot of readers praised the author for his exciting stories .

(3) 私たちは愛情深い家庭で育ててくれたことを両親に感謝しています。
(for / parents / thank / in / we / our / home / raising / a / us / loving).

We thank our parents for raising us in a loving home .

解答のヒント

1 (1) 「〜を見間違える」を表す動詞は mistake で前置詞は for を使います。

(2) 「〜として認識する」を表す動詞は recognize で前置詞は as を使います。

(3) 「〜を交換する」を表す動詞は exchange で，交換結果を前置詞 for で表します。

(4) 「〜とみなす」を表す動詞は see で前置詞は as を使います。

2 (1) 「シンゴは」→「みなしています」→「ツヨシを」→「彼の親友として」→「長い間」という語順で書きましょう。「A を B とみなす」は regard A as B と表します。「（ずっと）〜している」というのは，have［has］＋過去分詞の現在完了形で表します。「長い間」は for a long time と書きましょう。

(2) 「多くの読者が」→「ほめています」→「その著者を」→「わくわくするストーリーが理由で」という語順で書きましょう。「人の〜をほめる」は praise 人 for 〜と表します。「わくわくするストーリー」は「著者のストーリー」なので代名詞の所有格 his をつけて，his exciting stories としましょう。

(3) 「私たちは」→「感謝しています」→「両親に」→「（私たちを）育ててくれたことを」→「愛情深い家庭で」という語順で書きましょう。「人に〜を感謝する」は〈thank 人 for 〜〉と表します。「両親」は「私たちの両親」なので代名詞の所有格 our をつけて，our parents としましょう。前置詞 for の後ろには動名詞を置くので raising とし，さらにその後ろに「私たちを」を表す代名詞の目的格 us を置きましょう。

32 前置詞 of/on と相性のいい動詞

1 ( ) 内から適するものを選び、〇で囲みましょう。

(1) その薬はあなたの頭痛を取り除くでしょう。
The medicine will relieve you (on /(of)/ with) your headache.

(2) その厳しいトレーナーは生徒たちに厳しい運動を課しました。
The strict trainer imposed hard exercises (on)/ at / to) her students.

(3) そのメロディーがロンドンへの旅行を思い出させます。
The melody reminds me (of)/ with / for) my trip to London.

(4) 私の背中に湿布を貼ってもらえますか？
Can you put a compress (on)/ for / at) my back?

2 日本語を参考にして、英文の　　　　に適切な語を入れましょう。

(1) イナガキさんは私に彼の新しいメールアドレスを知らせました。
Mr. Inagaki **informed** me **of** his new email address.

(2) 誰も私たちから自由を奪うことはできません。
No one can **deprive** us **of** our freedom.

(3) 自分の考えを他人に押し付けない方がいいです。
We shouldn't **force** our ideas **on** others.

解答のヒント

1(1) 「～を取り除く」を表す動詞は relieve で、「～を」を前置詞 of で表します。
(2) 「～に…を課す」を表す動詞は impose で、「…を」を前置詞は on で表します。
(3) 「～を思い出させる」を表す動詞は remind で、「～を」を前置詞 of で表します。
(4) 「～を貼る」を表す動詞は put で、貼る場所を前置詞 on で表します。
2(1) 「人に～を知らせる」は〈inform 人 of ～〉と表します。「知らせました」という過去形なので informed としましょう。
(2) 「人から～を奪う」は〈deprive 人 of ～〉と表します。
(3) 「人に～を押し付ける」は〈force ～ on 人〉と表します。

33 前置詞 to と相性のいい動詞

1 ( ) 内の語句を並べかえて、英文を完成させましょう。

(1) 私のスケジュールをあなたの予定に合わせます。
(your / will / my / I / schedule / to / plans / adjust).
I will adjust my schedule to your plans

(2) 私はこのメールに書類を添付しました。
(attached / to / email / a / I've / document / this).
I've attached a document to this email

(3) モリさんの勝利は彼の努力によるものです。
(owes / his / his / effort / to / victory / Mr. Mori).
Mr. Mori owes his victory to his effort

(4) あなたのスピーチは 10 分に限ってください。
(ten / limit / speech / please / to / your / minutes).
Please limit your speech to ten minutes

2 ( ) 内から適するものを選び、〇で囲みましょう。

(1) これらの話を私たち自身の経験に関連づけることができます。
I can (remind /(relate)) these stories to our own experiences.

(2) 私たちの身体的健康は精神状態に結びついています。
Our physical health is ((linked)/ lined) to our mental condition.

(3) 調査によると、その現象は地球温暖化に起因していました。
The research (acknowledged /(attributed)) the phenomenon to global warming.

解答のヒント

1(1) 主語に「私は」I を置いて、それに続けて「合わせます」→「私のスケジュールを」→「あなたの予定に」という語順で書きましょう。「合わせます」というのはこれからのことと考えて、未来を表す助動詞 will をつけて、will adjust とします。「A を B に合わせる」は〈adjust A to B〉と表します。
(2) 「私は」→「添付しました」→「書類を」→「このメールに」という語順で書きましょう。「A を B に添付する」は〈attach A to B〉と表します。
(3) 「モリさんは」→「～によるものです」→「（彼の）勝利は」→「彼の努力」という語順で書きましょう。「A は B によるものだ」は〈owe A to B〉と表します。
(4) 「限ってください」→「あなたのスピーチは（を）」→「10 分に」という語順で書きましょう。「A を B に限る」は〈limit A to B〉と表します。
2(1) 「A を B に関連付ける」は〈relate A to B〉と表します。
(2) 「A は B に結びついている」は「結びつけられる」と考えて、〈A is linked to B〉と表します。is linked は be 動詞＋過去分詞で受動態「～られる」の形をとっています。
(3) 「A は B に起因する（と考える）」は〈attribute A to B〉と表します。

34 接続詞の種類

1 日本語を参考にして、英文の　　　　に適切な語を入れましょう。

(1) 私は納豆が大好きですが、彼は嫌いです。
I love natto, **but** he hates it.

(2) その質問は簡単だったので，彼女はすぐに答えました。

She answered the question at once, | for | it was easy.

(3) 私は床を掃き，夫は皿洗いをします。

I sweep the floor, | and | my husband washes the dishes.

(4) そのホテルは無料の夕食だけでなく，お土産も提供しました。

The hotel offered | not | only | free dinner

| but | also | some souvenirs.

2 （　）内の語を並べかえて，英文を完成させましょう。

(1) ユウスケは釣りも料理も両方得意です。
（ both / is / good / Yusuke / at / cooking / fishing / and ）.

　Yusuke is good at both fishing and cooking　.

(2) 今すぐ起きなさい。さもないとコンサートに遅れますよ。
（ concert / will / up / now / you / be / get / late / right / the / or / for ）.

　Get up right now, or you will be late for the concert.

(3) 外が寒かったので，私はジャケットを着ました。
（ jacket / cold / a / outside / so / was / I / it / wore ）.

　It was cold outside, so I wore a jacket　.

解答のヒント

1(1)「～ですが」という逆接の等位接続詞は but です。
(2)「～ので」「というのも～」という理由を表す等位接続詞は for です。文をカンマで区切った後に for を置くのが通例です。
(3)「そして」「～して」という順接の等位接続詞は and です。
(4)「A だけでなく B も」は not only A but also B と表します。

2(1)「ユウスケは」→「得意です」→「両方」→「釣りも」→「料理も」という語順で書きましょう。「～が得意」は be good at，「A も B も両方とも」は both A and B と表します。
(2)「起きなさい」→「今すぐ」→「さもないと」→「遅れますよ」→「コンサートに」という語順で書きましょう。「～しないと…」「さもないと」は，命令文の後にカンマと等位接続詞 or を置くことで表します。「遅れますよ」の前には，主語 you（あなた）を補って書きましょう。また「～に遅れますよ」というのはこれからのことなので，未来を表す助動詞 will を伴って will be late for としましょう。
(3) 気温や天気を表す文の主語は It から書き出しましょう。「寒かった」→「外が」→「なので」→「私は」→「着ました」→「ジャケットを」という語順で書きましょう。「～なので」は，文中でカンマの後に等位接続詞 so を置いて表します。「着ました」wore は動詞 wear の過去形です。

35 「理由」を表す接続詞 本文 97 ページ

1 文頭の単語に続く（　）内の語を並べかえて，英文を完成させましょう。

(1) ハナコは書道の練習をしたいので，早起きします。
As（ practice / she / wakes / wants / Hanako / calligraphy / up / early / to ）.

As Hanako wants to practice calligraphy, she wakes up early.

(2) カエデの猫がこのおもちゃを壊したので，彼女は別のおもちゃを買いました。
Because（ cat / bought / broke / Kaede's / toy / she / this / another ）.

Because Kaede's cat broke this toy, she bought another.

(3) 何人かが欠席だったので，彼らは会議を延期しました。
They（ because / off / meeting / some / put / of / absent / the / were / them ）.

They put off the meeting because some of them were absent.

(4) 私たち全員，歌詞を知っているので，この歌を歌いましょう。
Let's（ this / we / the / sing / lyrics / all / since / song / know ）.

Let's sing this song since we all know the lyrics　.

2 （　）内の単語を用いて，日本文を英文にしましょう。

(1) リサは難しい試験に合格したのでうれしいです。（ happy / because / exam ）

　Risa is happy because she passed a difficult exam.

(2) 彼はもっと読みたかったので，新しい本を探しました。（ looked / since / read ）

　He looked for a new book since he wanted to read more.

(3) 雨が止んだので，マツモトさんはピクニックに出かけました。
（ As / rain / went ）

　As the rain had stopped, Ms.[Mr.] Matsumoto went on a picnic.

解答のヒント

1(1) 文頭の As は「～なので」という従属接続詞で，後ろには理由を置きます。「ハナコは」→「練習をしたい」→「書道の」→「彼女は」→「起きます」→「早く」という語順で書きましょう。「練習をしたい」は wants to practice，「起きる」は wakes up です。
(2) 文頭の Because は「～なので」という従属接続詞で，後ろには理由を置きます。「カエデのネコが」→「壊した」→「このおもちゃを」→「彼女は」→「買いました」→「別のおもちゃを」という語順で書きましょう。2回目の「おもちゃ」は，「別のもの」という意味が表せる不定代名詞 another を使いましょう。
(3)「彼らは」→「延期しました」→「会議を」→「何人かが」→「欠席だった」という語順で書きましょう。some of them「何人かが」以降の文が始まる前に，従属接続詞 because（～なので）を置いて，文と文をつなげましょう。「延期しました」は put off，「欠席だった」は were absent と表します。
(4) 文頭の Let's「～しましょう」の後ろには動詞

19

の原形を置きます。「歌いましょう」→「この歌を」→「私たち全員」→「知っている」→「歌詞を」という語順で書きましょう。we all「私たち全員」以降の文が始まる前に，従属接続詞 since「〜なので」を置いて，文と文をつなげましょう。

2(1)「リサは」→「うれしいです」→「彼女は」→「合格した」→「難しい試験に」という語順で書きましょう。she「彼女は」以降の文が始まる前に，従属接続詞 because（〜なので）を置いて，文と文をつなげましょう。「合格した」は動詞 pass の過去形 passed を使いましょう。

(2)「彼は」→「探しました」→「新しい本を」→「彼は」→「読みたかったので」→「もっと」という語順で書きましょう。he「彼は」以降の文が始まる前に，従属接続詞 since（〜なので）を置いて，文と文をつなげましょう。「探しました」は looked for，「読みたかった」は wanted to read と表します。

(3) 文頭に理由を表す従属接続詞 As を置いて書き出しましょう。その後は「雨が」→「止んだ」→「マツモトさんは」→「出かけました」→「ピクニックに」という語順で書きましょう。「ピクニックに出かけた」という過去の出来事よりもさらに前に，「雨が止んだ」と考えられます。「止んだ」は「出かけた」という過去の時点までに「止んでいた」ということを表す過去完了形を用いて had stopped とします。

36 「目的」「結果」を表す接続詞（句）　本文99ページ

1 （　）内から適するものを選び，○で囲みましょう。

(1) 雪が降った場合に備えて，キョウカは先に家を出ました。
((In case) / In order that) it snowed, Kyoka left home early.

(2) 彼らは海外で生活するために一生懸命英語を勉強します。
They study English hard (in case / (in order that)) they may live abroad.

(3) 彼はまた事故に遭うのではないかと恐れて運転しようとしません。
He won't drive ((for fear that) / such that) he'll have another accident.

(4) あなたのお母さんはとても明るい人なので，みんなに好かれています。
Your mother is (so / (such)) a cheerful person that everyone likes her.

2 （　）内の語を並べかえて，英文を完成させましょう。

(1) 電子決済を受け付けていないお店もあるといけないので，コインを持っていきなさい。
(accept / don't / some / take / lest / some / payment / shops / electronic / coins).
　Take some coins lest some shops don't accept electronic payment .

(2) ハルカは息子が何か食べたいときに備えて，たくさんのおやつを買いました。
(in / snacks / bought / case / her / something / son / to / wanted / Haruka / many / eat).
　Haruka bought many snacks in case her son wanted to eat something .

(3) 血流をよくするために，水分をとってください。
(so / improve / blood / flow / can / drink / your / please / water / that / you).
　Please drink water so that you can improve your blood flow .

解答のヒント

1(1) 後ろに万が一起こるかもしれない状況を示す文を置いて「〜に備えて」を表すのは in case です。

(2) 後ろに目的を示す文を置いて「〜するために」を表すのは in order that です。

(3) 後ろにネガティブな状況を示す文を置いて「〜することを恐れて」を表すのは for fear that です。

(4) 後ろに〈冠詞＋形容詞＋名詞＋that〉を置いて「とても〜なので」を表すのは such です。

2(1)「持っていってください」→「コインを」→「（いくつかの）お店もあるといけないので」→「受け付けていない」→「電子決済を」という語順で書きましょう。「（いくつかの）お店もある」some shops 以降の文が始まる前に，接続詞 lest（〜するといけないので）を置いて，文と文をつなげましょう。

(2)「ハルカは」→「買いました」→「たくさんのおやつを」→「〜に備えて」→「（彼女の）息子が」→「食べたい」→「何かを」という語順で書きましょう。her son「（彼女の）息子が」以降の文が始まる前に，接続詞句 in case「〜に備えて」を置いて，文と文をつなげましょう。In case で始まるカタマリから文を始めることもできます。

(3)「とって（飲んで）ください」→「水分を」→「よくするために」→「（あなたの）血流を」という語順で書きましょう。「よくする」は主語 you（あなた）を補って，you can improve としましょう。so that「〜ために」を置いて，文と文をつなげましょう。「（あなたの）血流」は your blood flow と表します。

37 「時」を表す接続詞（句）　本文101ページ

1 日本語を参考にして，英文の　　　に適切な語を入れましょう。

(1) 私たちは一度会話を始めたら，話が止まりませんでした。
　Once　we started a conversation, we couldn't stop talking.

(2) 彼らは学校が再開するまで，毎日10時に起きました。
They got up at 10 every day **until[till]** school started again.

(3) 私が駅に着く頃には電車は出発していました。

The train had left [by] [the] [time] I got to

the station.

(4) アンドウさんは海の近くに引っ越す前に一生懸命働きました。

Ms. Ando worked hard [before] she moved near the sea.

2 （　）内の単語を用いて，日本文を英文にしましょう。

(1) 私は図書館で勉強していたとき，親友に会いました。(while / studying / met)

While I was studying in the library, I met my best friend.

I met my best friend while I was studying in the library.

(2) 本を読んでいる間，ミホはたいていメモを取ります。(when / reads / notes)

When she reads a book, Miho usually takes notes.

Miho usually takes notes when she reads a book.

(3) 彼らが家で夕食を食べている最中に，驚くべきプレゼントが届きました。
(as / ate / surprising)

As they ate dinner at home, a surprising present arrived.

A surprising present arrived as they ate dinner at home.

解答のヒント

1(1) 後ろに文を置いて「一度～したら」ということ
を表す接続詞は once です。

(2) 後ろに文を置いて「～するまで」ということを
表す接続詞は until です。

(3) 後ろに文を置いて「～する頃には」ということ
を表す接続詞句は by the time です。

(4) 後ろに文を置いて「～する前に」ということを
表す接続詞は before です。

2(1)「～している間に」を表す接続詞 while を文頭
に置く場合は，その後ろに「私は」→「勉強して
いた」→「図書館で」→「私は」→「会いました」
→「(私の)親友に」という語順で書きましょう。
この場合,「図書館で」の後にカンマを置きましょ
う。「勉強していた」は過去の進行中の動作を表
す〈be 動詞＋現在分詞〉の過去進行形 was
studying で表します。「私は」→「会った」→「(私
の)親友に」の後ろに while を置いて，残りの部
分を続けることもできます。

(2)「～するとき」を表す接続詞 when を文頭に置
く場合は，その後ろに「ミホは」→「読む」→「本
を」→「彼女は」→「たいてい取ります」→「メ
モを」という語順で書きましょう。この場合,「本
を」の後にカンマを置きましょう。「ミホは」→「た
いてい取ります」→「メモを」の後ろに when
を置いて，残りの部分を続けることもできます。

(3)「～している最中に」を表す接続詞 as を文頭
に置く場合は，その後ろに「彼らが」→「食べて
いる」→「夕食を」→「家で」→「驚くべきプレ
ゼントが」→「届きました」という語順で書きま

しょう。この場合，「家で」の後にカンマを置き
ましょう。「驚くべきプレゼントが」→「届きま
した」の後ろに as を置いて，残りの部分を続け
ることもできます。

38 「条件」「譲歩」を表す接続詞(句)

本文103ページ

1 （　）内から適するものを選び，○で囲みましょう。

(1) 彼は集中しないと上手にピアノを弾けません。
(If (Unless)) he concentrates, he can't play the piano well.

(2) コンサートは天候が許す限り開催されます。
The concert will be held (as long as) as far as) the weather permits.

(3) フジイさんはとても忙しいにもかかわらず，英語の勉強を続けました。
(But (Although)) Ms. Fujii was very busy, she kept studying English.

(4) 明日たとえ雪が降ったとしてもそこへ行きたいです。
I want to go there (even if) even though) it snows tomorrow.

2 （　）内の語を並べかえて，英文を完成させましょう。

(1) もし疲れたら，一番好きな食物を食べて，よく眠りましょう。
If (food / you / well / tired / eat / are / favorite / and / sleep / your).

If [you are tired, eat your favorite food and sleep well].

(2) アキコが知る限り，その店は今日開いています。
As (Akiko / the / open / is / as / store / knows / today / far).

As [far as Akiko knows, the store is open today].

(3) その最新の携帯電話には多くの機能があっても，私はそのすべてを使うこと
はできません。
Even (the / has / newest / I / though / all / mobile / can't / functions
/ phone / many / them / use / of).

Even [though the newest mobile phone has many functions,

I can't use all of them].

解答のヒント

1(1) 後ろに文を置いて「～しないと」という意味を
表す接続詞は unless です。

(2) 後ろに文を置いて「～する限り」という条件を
表す接続詞は as long as です。

(3) 後ろに文を置いて「～にもかかわらず」という
譲歩を表す接続詞は although です。

(4) 後ろに仮定を含む文を置いて「たとえ～だとし
ても」という譲歩を表す接続詞は even if です。

2(1) 文頭の接続詞 If（もし）の後に，主語 you（あ
なた）を補います。その後は「疲れたら」→「食
べて」→「(あなたの)一番好きな食べ物を」→「そ
して」→「眠りましょう」→「よく」という語順
で書きましょう。「疲れたら」の後にはカンマを
置いて，文を区切ります。

(2)「～する限り」には文頭の As を含む As far
as という接続詞句を使いましょう。その後は，「ア

キコが」→「知る」→「その店は」→「開いています」→「今日」という語順で書きましょう。「知る」の後にはカンマを置いて，文を区切ります。

(3) 「(たとえ) ～があっても」は文頭の Even を含む Even though という接続詞句を使いましょう。その後は，「その最新の携帯電話には」→「ある (持つ)」→「多くの機能が(を)」→「私は」→「使うことはできません」→「そのすべてを」という語順で書きましょう。「そのすべて」は「すべての機能」のことで，functions を代名詞に置き換えた them を使って，all of them と表します。「多くの機能が(を)」の後にはカンマを置いて，文を区切ります。

39 省略

本文
107
ページ

1 ( ) 内の語を並べかえて，英文を完成させましょう。

(1) 私は紅茶を飲み，夫はコーヒーを飲みました。
(tea / drank / and / my / I / my / his / coffee / husband).
I drank my tea, and my husband his coffee .

(2) 明日は雨が降るかもしれませんが，降らないことを願っています。
(rain / tomorrow / but / it / I / might / not / hope).
It might rain tomorrow, but I hope not.

(3) この本は私の母のものかもしれません。
(my / might / book / this / be / mother's).
This book might be my mother's

(4) 寝たければ，もっと寝ていいですよ。
You (want / sleep / can / if / you / to / more).
You **can sleep more if you want to** .

2 ( ) 内の単語を用いて，日本文を英文にしましょう。

(1) そうしなくてはならない場合は早く起きてください。(get / if / have)
Get up early if you have to

(2) 疲れているとき，私はより長い休憩を取ります。(tired / longer / break)
When (I'm) tired, I take a longer break

(3) 電車に乗るのを好む人もいれば，バスに乗るのを好む人もいます。
(prefer / taking / trains)
Some people prefer taking trains, and others buses .

解答のヒント

1 (1) 「私は」→「飲み (ました)」→「(私の) 紅茶を」→「(私の) 夫は」→「(彼の) コーヒーを」という語順で書きましょう。「(私の) 紅茶を」の後に，カンマ＋ and を置いて，文と文をつなげましょう。「(私の) 夫は」の後ろに置くはずの「飲みました」を表す動詞 drank は文の前半に登場しているので，重複を避けるために省略します。

(2) 天気を表す時には主語 It で書き出しましょう。その後は「かもしれません」→「雨が降る」→「明日」→「しかし」→「願っています」→「(降ら) ないことを」という語順で書きましょう。「願っています」の前には，I (私は) を補いましょう。「雨が降るかもしれない」It might rain が文の前半に登場しているので，重複を避けるために it will not rain の not のみを I hope の後ろに置きましょう。

(3) 「この本は」→「かもしれません」→「私の母のもの」という語順で書きましょう。「私の母のもの」の「もの」は book (本) ですが，文の前半に登場しているので，重複を避けるために省略します。

(4) 主語 You の後は，「寝ていいですよ」→「もっと」→「(あなたが) 寝たければ」という語順で書きましょう。「～していい」は，許可を表す助動詞 can を使います。「もっと」の後には，接続詞 if (もし) を補って，文と文をつなげましょう。「寝たい」は want to sleep となりますが，sleep は文の前半に登場しているので，重複を避けるために省略します。

2 (1) 「起きてください」→「早く」→「(もし) その場合は」→「そうしなくてはならない」という語順で書きましょう。「そうしなくてはならない」の前には主語 you (あなたが) を補いましょう。「そうしなくてはならない」は「早起きしなくてはならない」have to get up early ということですが，get up early は文の前半に登場しているので，重複を避けるために省略します。

(2) 「～するとき」→「疲れている」→「私は」→「取ります」→「より長い休憩を」という語順で書きましょう。「疲れている」は「私は」を入れて I'm tired と表しますが，when の後ろの主語と be 動詞は，メインの節の主語，動詞と同じ場合には省略できるので，When tired としても OK です。When を文頭に置くときは，tired の後ろにカンマを置いて文を区切りましょう。

(3) 「(いくらかの) 人もいる」→「好む」→「電車に乗るのを」→「(その他の) 人もいる」→「好む」→「バスに乗るのを」という語順で書きましょう。「電車に乗るのを」の後には，カンマ＋ and を置いて，文と文をつなげましょう。ただし「好む」prefer と「乗るのを」taking はどちらも文の前半に登場しているので，重複を避けるために省略し，others (prefer taking) buses と表します。

40 否定

本文 109 ページ

1 日本語を参考にして，英文の ▢ に適切な語を入れましょう。

(1) 彼らの誰もイギリス出身ではありません。

None of them is from the U.K.

(2) すべてのメンバーが結果に満足しているわけではありません。

Not **all** the members are happy about the result.

(3) 私は仕事を始めるとき，いつもコーヒーを飲んでいるわけではありません。

I'm **not** **always** drinking coffee when I get to work.

(4) 現在，そのようなデバイスを持っているティーンエイジャーはひとりもいません。

No teenager has such a device now.

2 （　）内の語を並べかえて，英文を完成させましょう。

(1) 彼らは品質にまったく満足していません。

(with / are / quality / not / they / at / satisfied / the) all.

They are not satisfied with the quality at all.

(2) すべての生徒が明日テストを受けるわけではありません。

Not (take / the / will / every / tomorrow / test / student).

Not every student will take the test tomorrow .

(3) その歌手は夕食にどんな肉も食べません。

(any / singer / dinner / the / eat / at / doesn't / meat).

The singer doesn't eat any meat at dinner .

解答のヒント

1(1)「～の誰も…ではない」という場合の主語は〈none of the 複数名詞〉と表します。ここでは代名詞を用いて none of them となっています。

(2) 複数名詞を使って「すべての～が…ではない」という場合の主語は〈not all the 複数名詞〉と表します。

(3)「いつも～しているわけではない」は not always と表します。

(4)「～がひとりもいない」という場合の主語は〈no ＋単数名詞〉と表します。

2(1)「彼らは」→「満足していません」→「品質に」→「まったく」という語順で書きましょう。「まったく～していない」は，at all を文末に置いて，not ～ at all とします。「～に満足する」は are satisfied with と表します。

(2) 単数名詞を使って「すべての～が…ではない」という場合の主語は〈not every ＋単数名詞〉と表します。この場合は，Not every student が主語になります。その後は，「受ける」→「テストを」→「明日」という語順で書きましょう。「受ける」のは明日のことなので，未来を表す助動詞

will を伴って，will take とします。

(3)「その歌手は」→「食べません」→「どんな肉も」→「夕食に」という語順で書きましょう。「どんな～も…しない」not ～ any で表すので，「どんな肉も食べない」doesn't eat any meat となります。

41 否定語を含まない否定表現

本文 111 ページ

1 （　）内から適するものを選び，〇で囲みましょう。

(1) 私は今疲れすぎていてジョギングに行けません。

I'm (**too** / to) tired (**to** / that) go jogging now.

(2) その状況は理想とはほど遠いものでした。

The situation was far (**from** / to) ideal.

(3) 彼女は臆病者なんかではありません。

She is (**anything** / something) but a coward.

(4) 彼らはまだ答えを見つけていません。

They have (still / **yet**) to find the answer.

2 （　）内の単語を用いて，日本文を英文にしましょう。

(1) ドアの鍵をかけるのを決して忘れないでください。(fail / lock)

Don't fail to lock the door .

(2) 彼は決して英語の勉強をやめない生徒です。(last / stop)

He is the last student to stop studying English .

(3) 将来，世界には貧困がなくなるでしょう。(free / poverty)

The world will be free from poverty in the future .

解答のヒント

1(1)「～すぎて…できない」は too ～ to …で表します。too の後には形容詞，to の後には動詞の原形を置きます。

(2)「～からほど遠い」は far from ～で表します。

(3)「～なんかではない」は anything but ～で表します。

(4)「まだ～ない」は have yet to ～で表します。to の後には動詞の原形を置きます。

2(1)「決して忘れないでください」→「鍵をかけることを」→「ドアの」という語順で書きましょう。「～しないでください」は Don't から書き出します。「～し忘れる」「～しそびれる」は fail to ～と表します。to の後は動詞の原形を置きましょう。Don't の代わりに Never を用いて，Never fail to lock the door. とすることもできます。

(2)「彼は」→「～しない生徒です」→「勉強をやめる」→「英語の」という語順で書きましょう。「決して～しない…」は，the last … to ～で表します。to の後は動詞の原形を置きましょう。「～するの

をやめる」は stop -ing と表します。

(3)「世界には」→「なくなるでしょう」→「貧困が」→「将来」という語順で書きましょう。「～でしょう」という推量は助動詞の will を使います。「なくなる」は be free from と表します。

42 倒置

本文113ページ

1 日本語を参考にして, 英文の □ に適切な語を入れましょう。

(1) 私は図書館で彼に会えるとは思いもしませんでした。

Never ┃ **did** ┃ ┃ **I** ┃ expect to see him in the library.

(2)「私はこの歌手が大好きです！」「私もそうです！」

"I love this singer!" "So ┃ **do** ┃ ┃ **I** ┃ !"

(3) こちらがあなたへのプレゼントです。

┃ **Here** ┃ ┃ **are** ┃ some presents for you.

(4) 彼が自分のことを話すことはめったにありません。

Rarely ┃ **does** ┃ ┃ **he** ┃ talk about himself.

2 (　) 内の語を並べかえて, 英文を完成させましょう。

(1) 彼は毎週日曜日だけ礼拝に行きます。
(on / he / Sundays / go / church / only / to / does).

　　 Only on Sundays does he go to church ．

(2) 私は真実をほとんど知りませんでした。
(truth / know / I / did / the / little).

　　 Little did I know the truth ．

(3) 表の庭には3匹の黒ネコが座っていました。
In (cats / three / sat / front / the / black / yard).

In 　 the front yard sat three black cats ．

解答のヒント

1 (1) Never「決して～ない」という否定語が文頭にあるので, 主語と助動詞に倒置が起こります。「思いもしませんでした」という過去形なので, 助動詞は did を使い, did I とします。

(2) ある発言を受けて「～もそうです」と言うときは, So を文頭に置きます。最初の発言で使われている動詞が一般動詞で現在形なので, 助動詞 do を続けます。最後に主語の I（私）を置きます。

(3) 何かを差し出しながら「これが～です」という場合は, 文頭に Here is[are] ～を置きます。「プレゼント」some presents が複数形なので, be 動詞は are にします。

(4) Rarely「めったに～ない」と言う否定の意味を含む単語が文頭にあるので, 主語と助動詞に倒置が起こります。「話すことはめったにありません」という現在形で, 主語が he（彼）なので,

助動詞は does を使い, does he とします。

2 (1) この文は肯定文ですが, 並べかえる単語の中に助動詞 does が含まれているので, only を文頭に置く倒置のルールを当てはめます。「毎週日曜日だけ」→「彼は」→「行く」→「礼拝に」という語順で書きましょう。文頭の Only の後は, on Sundays を続けます。その後は助動詞 does と主語 he を置き, 残りの go to church を続けましょう。

(2) この文は過去形の否定文ですが, 並べかえる単語の中に didn't［did not］がなく, その代わりに否定の意味を含む little と, did があるので, little を文頭に置く倒置のルールを当てはめます。「ほとんど～しませんでした」→「私は」→「知っている」→「真実を」という語順で書きましょう。文頭の Little の後は, 助動詞 did と主語 I を置き, 残りの know the truth を続けましょう。

(3) 文頭に前置詞 in があるので,「表の庭に」In the front yard から書き出しましょう。場所を示す言葉を文頭に置いた場合, 倒置が起こるので,「座っていました」→「3匹の黒ネコが」という語順で書きましょう。

43 無生物主語の文

本文115ページ

1 日本語を参考に, 以下の □内の単語を用いて, 英文の □ に適切な語を入れましょう。ただし, それぞれの単語は必要に応じて適切な形に変えてください。

(1) このチケットで3人まで入場できます。

This ticket ┃ **allows** ┃ three people to enter.

(2) 吹雪のため, 彼らはそのイベントをキャンセルしました。

A snowstorm ┃ **caused** ┃ them to cancel the event.

(3) ショックで彼女は言葉を失いました。

The shock ┃ **robbed** ┃ her of her speech.

(4) ゆっくりとした音楽で, 私はリラックスします。

The slow music ┃ **makes** ┃ me relax.

┃ make ┃ rob ┃ cause ┃ allow ┃

2 (　) 内の語を並べかえて, 英文を完成させましょう。

(1) その大きな台風で, 私は一日中家にいることを余儀なくされました。
(me / big / the / forced / to / all / stay / home / day / typhoon).

　　 The big typhoon forced me to stay home all day ．

(2) 繰り返し練習することで, 私たちは英語力を向上させることができます。
(our / improve / practice / us / to / English / repeated / skills / enables).

　　 Repeated practice enables us to improve our English skills ．

(3) この香水で, 私は母を思い出します。
(of / mother / perfume / this / reminds / my / me).

　　 This perfume reminds me of my mother ．

24

1 (1) 「(もの) で人が〜できる」は「(もの) が人に〜するのを許す」と置き換えて〈allow ＋人＋ to do〉で表しましょう。

(2) 「(もの) のために人が〜する」という原因を表すときは〈cause ＋人＋ to do〉で表しましょう。

(3) 「(もの) で人が〜を失う」は「(ものが) 人から〜を奪う」と置き換えて〈rob ＋人＋ of ＋もの〉で表しましょう。

(4) 「(もの) で人が…する」は「(もの) が人に…させる」と置き換えて〈make ＋人＋動詞の原形〉で表しましょう。

2 (1) 「〜を余儀なくされる」は「その大きな台風」を主語にして、〈動詞 force ＋人＋ to do〉で表せます。「その大きな台風が（で）」→「余儀なくさせた」→「私を（は）」→「家にいる」→「一日中」という語順で書きましょう。

(2) 「〜することができる」は「繰り返される練習」を主語にして、〈動詞 enable ＋人＋ to do〉で表せます。「繰り返される練習」→「可能にする」→「私たちに（は）」→「向上させる」→「（私たちの）英語力を」という語順で書きましょう。

(3) 「〜を思い出す」は「この香水」を主語にして〈動詞 remind ＋人＋ of ＋もの〉で表せます。「この香水は」→「思い出させる」→「私に（は）」→「私の母を」という語順で書きましょう。

1 (1) ④ (2) ④ (3) ① (4) ② (5) ②

解説

(1) 〈訳〉駅までの道を私に教えていただけますか？

〈解説〉空欄直後に me「私に」があります。直後に「人」を置けるのは④ tell「話す・教える・伝える」だけです。他の選択肢は，それぞれ後ろに「人」を置く時には talk to / with「〜に / と話す」，say to「〜に言う」，speak to / with「〜に / と話す」というように前置詞を伴います。

(2) 〈訳〉彼は海外旅行中にスマートフォンを盗まれました。

〈解説〉空欄直後に前置詞 of があります。直後に of を置けるのは② robbed「盗まれた」だけです。空欄の直前に be 動詞の過去形 was があるので，「盗まれた」という受動態になります。他の選択肢は，① rented「貸された」，② borrowed「借りられた」，③ stolen「盗まれた」という意味になります。

(3) 〈訳〉画面が小さすぎるので，私は（携帯）電話でメールを書きません。

〈解説〉空欄直後に email「E メール」があるので，「(文字など) を書く」ことを表す① write が正解です。他の選択肢は，② draw は「(絵など) を描く」，③ paint は「(絵の具などで〜) を塗る・描く」，④ wear は「着る」です。

(4) 〈訳〉私は今，コンピューターで映画を見ています。

〈解説〉空欄直後にある movie「映画」と on my computer「私のコンピューターで」という２点に注目します。映画を大きな映画館などで見る＝映像が目に入ってくるようなときは① seeing「見ている」も使いますが，コンピューターやテレビなど視点を集中させてみる場合は② watching を使います。よって②が正解です。同じ「見る」でも見方によって使う動詞が異なるので注意しましょう。他の選択肢は，③ meeting「〜に会っている」，④ encountering「〜に出会っている」

です。空欄の直前に I'm ＝ I am があり，am という be 動詞の現在形が動詞 –ing を伴って現在進行形「〜している」という形をとっています。

(5) 〈訳〉その歌はいつも私に高校時代を思い出させます。

〈解説〉空欄直後の me（私に）という「人」，さらにその後に前置詞 of を続けられるのは② reminds「思い出させる」だけです。よって②が正解です。他の選択肢は，① remembers「〜を覚えている」，③ notices「〜に気づく」，④ realizes「〜だと気づく」です。動詞の語尾にある –s は主語が I, we, you, they 以外の「3 人称単数現在形」の場合につける –s です。

2 (1) The man started to run his company last year.

(2) Do they meet our needs?

(3) I can't stand the noise!

解説

(1) 〈解説〉与えられた単語 run には「走る」のほかに「〜を経営する」という意味もあります。The man という男性が主語なので代名詞の所有格 his を入れて，run his company として「(彼の) 会社を経営する」というフレーズを作りましょう。「〜し始める」は start to 不定詞を使いますが，「経営し始めました」という過去形になっているので，started to run his company とします。文末に時を表す last year「昨年」を置いて完成です。

(2) 〈解説〉与えられた単語 meet には「会う」のほかに「(条件・要求など) を満たす」という意味もあります。「要求」は needs 以外に requests, demand などが使えます。「私たちの」という代名詞の所有格があるので，our を入れて，meet our needs というフレーズを作りましょう。「満たしていますか？」という疑問文なので，与えられた単語 do を先頭にして，主語の「彼ら」を続けます。最後の？も忘れずに。

(3) 〈解説〉与えられた単語 stand は「立つ」のほかに，can't などを伴って「耐えられない」という意味も表せます。主語の「私」は I，「騒音」は

the noise を用いて文を完成させましょう。「騒音」は主語の「私」にとって，特定できるものなので，定冠詞 the をつけて使います。最後の！も忘れずに。

もっとくわしく

代名詞の所有格を忘れずに

　日本語を英語にする時に気をつけたいのが「〜の」という役割を担う代名詞の所有格です。日本語でいちいち代名詞の所有格を入れて「彼は彼の会社を経営する」とすると，少し不自然になります。しかし英語では名詞を使うときに「〜の」ということが明らかな場合は明示したいという傾向があるので，この問題では his（彼の）という言葉を補う必要があります。日本語に書かれていなくても，英語にするときには言葉を補う意識をもってみてください。

3 The[That] colorful skirt suits you!

解説

〈解説〉与えられた単語 colorful「カラフル」を，名詞 skirt「スカート」を修飾する形容詞として用いましょう。また，「そのスカート」と特定できるので，定冠詞 the をつけて The colorful skirt を主語にします。指示代名詞 that を使って That colorful skirt も使えます。もうひとつの与えられた単語 suit は「(〜が人)に似合う」という意味の他動詞なので，目的語 you「あなた」を順に並べて完成です。その際，動詞には3単現の s をつけることを忘れずに。「その〇〇，お似合いですね」〇〇 suits you! というフレーズは，相手の服装を褒めるときによく使うフレーズなのでとっさに使えるようにしておくと便利です。

復習テスト 2 (本文40〜41ページ)

1 (1) ③ (2) ② (3) ② (4) ② (5) ③

解説

(1) 〈訳〉コンサートホールには多くの人がいます。
〈解説〉空欄直後の名詞 people「人々」に注目します。数えられる（可算）名詞で複数扱いなので，それと組み合わせが可能なのは③ many「多くの」だけなので，③が正解です。④ much も「多くの」という意味をもちますが，これは数えられない（不可算）名詞とともに用いるのでしっかり区別しましょう。他の選択肢は，① a（不定冠詞：可算単数名詞とともに），② an（不定冠詞：可算単数で，発音が母音で始まる名詞とともに）です。

(2) 〈訳〉その芸術家は彼女の作品のいくつかを壁に飾りました。
〈解説〉主語 artist「芸術家」と空欄直前の her「彼女の」が大きなヒント。代名詞の所有格の後ろには名詞がきます。「芸術家」という言葉と関連性の高い② works「作品」が正解です。他の選択肢は，① work 動詞「働く」名詞「仕事」，③ working 動名詞・現在分詞，④ worked 動詞「働く」の過去形・過去分詞です。

(3) 〈訳〉先月博物館に何人の訪問者が来ましたか。
〈解説〉文の最後の方にある名詞 museum「美術館」が大きなヒント。「美術館」と相性がいいのは，② visitors「訪問者」です。他の選択肢は，① customers「(店などの)客・消費者」，③ guests「(パーティなどの)客」，④ audience「(コンサートなどの)観客」です。日本語だとすべて「客」で表せますが，英語では場面に応じてしっかり区別しましょう。

(4) 〈訳〉バスの運賃を教えていただけますか？
〈解説〉空欄直前の名詞 bus「バス」が大きなヒント。「バス」などの乗り物と相性がいいのは，② fare（運賃）で，これが正解です。他の選択肢は，① price「(商品などの)価格」，③ cost「費用」，④ fee「(サービスなどに対する)料金・謝礼・会費・授業料」です。日本語だとすべて「料金」

と言えますが，英語では対象に応じてしっかり区別しましょう。

(5) 〈訳〉これは若者向けの本です。

〈解説〉空欄直前の前置詞 for「〜のための」が大きなヒント。前置詞の後ろには名詞がくるので，③ the young「若者」が正解です。定冠詞 the ＋形容詞の形で，「〜な人々」ということが表せます。他の選択肢は，① a young にはその後ろに単数名詞が，④ young にはその後ろに複数名詞が必要です。②は母音から始まらない young の前に an を置くことはできないので除外します。

2

(1) Many students go to school by train.

(2) We ate chicken for dinner yesterday.

(3) Please drink a glass of water after (you) exercise.

解 説

(1) 〈解説〉与えられた単語 many「多くの」の後ろに可算の複数名詞 students を置いて主語とします。「通学する」は go to school，「電車で」は by train と表します。school と train はどちらも可算の単数名詞ですが，a や the という冠詞はつけないのがポイントです。名詞が建物や乗り物などといった「物体」ではなく，学ぶ場所としての「機能」や移動するための「手段」を示す場合，冠詞はつけません。

(2) 〈解説〉与えられた単語の動詞 eat「食べる」の過去形 ate「食べた」を主語 We「私たち」の後に置きます。何を食べたのかという ate の目的語である「鶏肉」は食べ物の種類を表すので冠詞をつけず，chicken とします「夕食に」は for dinner，最後に「昨日」yesterday を置いて完成です。

(3) 〈解説〉「グラス一杯の水を飲んでください」というところから英語にしていきます。「〜してください」は Please に続けて，「飲む」は drink，「グラス一杯の水」は与えられた単語 glass を使って，a glass of water と表せます。最後に「運動後」を表す after exercise を置いて完成です。

exercise は「運動」という不特定で抽象的な意味なので，不可算名詞として用いられ，冠詞も複数形の s も不要です。また「運動後」を「あなたが運動した後」というように言葉を足して，after you exercise としても OK です。この場合の exercise は動詞として用いています。

もっとくわしく

冠詞のつけ方

　a / an / the という冠詞は日本語にはない難易度の高いルールです。名詞が登場するたびに「単数？ 複数？」「特定？ 不特定？」「抽象名詞だから不要？」というチェックポイントを意識する必要があります。for dinner や go to school などのよく使う決まり文句はそのまま覚えてしまうのが効果的。名詞を見たら立ち止まって，冠詞の有無を考えてみましょう。練習を重ねるうちに慣れていきます。英文を書き終わった後の見直しポイントとしてもぜひ。

3

My sister likes dogs, and I like cats.

解 説

〈解説〉与えられた単語 sister「姉（または妹）」と動詞 like を使って，まずは姉の好みを述べます。その時，「姉」は「私の姉」という代名詞の所有格を伴って My sister，また動詞には 3 単現の s をつけるのを忘れずに。「犬」や「猫」といった「種類」を可算名詞で表すときには，複数形にして表します。よって My sister likes dogs で一度内容が切れるのでカンマを置き，接続詞 and で文をつなげます。その後「私はネコが好きです」という意味の I like cats を続けましょう。

1 (1) ③ (2) ① (3) ③ (4) ① (5) ③

【解説】

(1) 〈訳〉このシャツは私には大きすぎます。別のものを持ってきていただけますか？

〈解説〉1文目で This shirt「このシャツ」についてサイズが合っていないことを述べているので，持ってきてもらいたいのは「別のもの」と考えるのが自然です。よって正解は③ another「別のもの」です。他の選択肢は，① it はそれそのものこと，② one は同じ種類のものを指します。④ other は後ろに名詞を伴って「他の〜」という意味になります。

(2) 〈訳〉どのケーキがいいですか？ — 私はこれにします。

〈解説〉1文めで出てきた cake「ケーキ」を2文めで言い換えています。空欄直前の this「この」の後ろには単数のものがくるので，① one が正解です。他の選択肢は，② ones は複数のもので，③ other は後ろに名詞を伴って「他の〜」，④ others は複数の「他のもの」「他人」です。

(3) 〈訳〉招待された4人のうち，1人だけがパーティーに来て，他の人は来ませんでした。

〈解説〉文前半で総数が four people「4人」だとわかります。文後半で only one「1人だけ」がパーティーに来て，「その他（の3人）」が来なかったという内容なので，特定される残りの3人＝複数という条件を満たす③ the others（その他の人たち）が正解です。よく似ている② the other は，総数が2の時に one「ひとつ」と the other「もうひとつ」という使い方をします。other の語尾に s があるかどうかで，状況が変わるので気をつけましょう。他の選択肢の，① one は同じ種類のもの，④ others は複数の「他のもの」「他人」ということを表します。

(4) 〈訳〉寮には各自ベッドと机があります。

〈解説〉空欄直後の has がポイント。動詞 have「持っている・〜がある」の主語が3人称単数の場合の形が has です。よって単数を表す① Each（各自・ひとりひとり）が正解です。他の選択肢は，② Most「ほとんどの」，③ All「すべての」，④ Both「両方の」となり，どれも複数扱いの代名詞です。

(5) 〈訳〉朝食は和食か洋食か選べます。

〈解説〉文の真ん中にある or がポイントです。either A or B というフレーズで「AまたはBのどちらか」という意味になります。よって，③ either「どちらか」が正解です。他の選択肢は，① both「両方」，② all「すべて」，④ none「どれも〜ない」という意味です。both は both A and B「AとBの両方」というフレーズも頻出です。

> 【もっとくわしく】
>
> ## each / every 〜を受ける代名詞
>
> (4) Each has his or her own bed and desk in the dormitory. という文で，主語の Each（各自）を指す代名詞の所有格は his or her となっていました。文字通りに訳すと「彼または彼女の」という意味になりますが，their を用いる場合もあります。Each has their own bed and desk in the dormitory. としても OK です。単数で「すべての」という意味を表す every 〜や「全員」という意味を表す everyone / everybody についても同様です。

---

2 (1) Some people work at home, and others go to the office.

(2) You can use both cash and electronic money.

(3) Ms. Nakamura went to the place by herself.

【解説】

(1) 〈解説〉「〜もいれば，〜もいる」という文は，some と others を使って表せます。与えられた単語 people を使って，Some people から文を始めます。「自宅で仕事をする」は work at home，「オフィスに行く」は go to the office

と表現して，順につなげていきましょう。「在宅勤務をする」という意味の work from home も使えます。some と others の文のつなぎ目は，カンマ＋ and を用いるのが自然です。

⑵ 〈解説〉「〜していただけます」は「あなたは〜することができる」You can 〜と置き換えて文にしていきます。「ご利用いただける」は「あなたは使うことができる」と置き換えて，You can use としましょう。「現金と電子マネーの両方」は both A and B を使って，both cash and electronic money とすれば，完成です。

⑶ 〈解説〉「ナカムラさんは」→「行きました」→「その場所に」→「一人で」という語順で書いていきましょう。「行きました」は go（行く）の過去形 went を使って，「その場所に」は与えられた単語 place（場所）を使って，to the place とします。「一人で」は与えられた単語 by を使って，by oneself（再帰代名詞）のフレーズを使います。主語の「ナカムラさん」は Ms. という敬称がついており女性だとわかるので，by herself とすれば OK です。

3 She has a bag in one hand and an umbrella in the other.

解説

〈解説〉「ひとつの手（の中）にバッグ，もう一方（の手の中）に傘」を持っていると表現しましょう。「片手に」は in one hand，「もう一方に」は in the other となります。手は 2 つなので，one と the other の組み合わせを使います。バッグも傘もひとつずつなので，a bag, an umbrella と冠詞をつけるのを忘れずに。主語を She，動詞を has として，a bag in one hand and an umbrella in the other とつなげれば完成です。one, the other の代わりに in her left hand / in her right hand を用いても OK です。

復習テスト ❹（本文56〜57ページ）

1 ⑴ ② ⑵ ④ ⑶ ③ ⑷ ① ⑸ ②

解説

⑴ 〈訳〉私はたいてい夕食に冷たいものは食べません。

〈解説〉この文が don't を含む否定文であることと，〈-thing ＋形容詞〉という語順であることが正解のポイント。not ＋ anything で「何も〜ない」という形で，〈-thing ＋形容詞〉となっている② anything cold「冷たいもの（は何も）」が正解です。他の選択肢のうち，① cold anything と③ cold nothing は語順が違うので除外，④ nothing cold は，don't ＝ do not と否定の意味が重なってしまうので除外します。

⑵ 〈訳〉教室のそれぞれの席に戻ってください。

〈解説〉空欄直後の名詞 seats「座席」が大きなヒント。この単語を修飾する形容詞を選びます。選択肢はどれも形が似ていますが，この文脈に合う意味をもつのは④ respective「それぞれの」で，これが正解です。他の選択肢を見てみると，① respect は動詞「尊敬する」，② respected は動詞 respect の過去形・過去分詞，③ respectful は形容詞ですが「敬意を表する」「丁寧な」という意味なので，どれも不適切です。

⑶ 〈訳〉彼女は私が今まで会った中で最も思いやりのある女性です。

〈解説〉空欄直後の名詞 lady「女性」が大きなヒント。この単語を修飾する形容詞を選びます。この文脈に合う意味をもつのは，③ considerate（思いやりのある）で，これが正解です。他の選択肢を見てみると，① consider は動詞「熟考する」，② considering は動詞 consider の動名詞・現在分詞，④ considerable は形容詞ですが「（量や数が）かなりの」という意味なので，どれも不適切です。

⑷ 〈訳〉あなたは今世界の読み書きができる人の割合を知っていますか？

〈解説〉空欄直後の名詞 people「人々」が大きな

ヒント。この単語を修飾する形容詞を選びます。この文脈に合う意味をもつのは、① literate「読み書きができる」で、これが正解です。他の選択肢を見てみると、② literal は形容詞ですが「文字通りの」、③ literary も形容詞ですが「文学の」、④ literature は名詞で「文学」という意味なので、どれも不適切です。「読み書きができる人の割合」は literacy rate「識字率」と言い換えることもできます。

(5) 〈訳〉私たちは海外旅行をする時間とお金がほとんどありませんでした。

〈解説〉空欄直後の名詞 time and money「時間とお金」が大きなヒント。このフレーズを修飾する形容詞を選びます。time も money もどちらも数えられない（不可算）名詞です。選択肢の中で不可算名詞と組み合わせられるのは、② little（ほとんど〜ない）だけなので、これが正解です。他の選択肢は、どれも数えられる（可算）名詞を後ろに置く形容詞で、① few「ほとんど〜ない」、③ many「多くの」、④ several「いくつかの」という意味です。

もっとくわしく
空欄の直前直後に注目！

解説を読んでいて気づいた方もいると思いますが、空欄穴埋め問題の正解の大きなヒントは空欄の直前や直後にあることがほとんどです。というのも、英語は語順が要。「形容詞の後ろに名詞がくる」、「前置詞の後ろにも名詞がくる」というように、単語の順番がとても大事です。必ずチェックしたい基本的な語順は次のものです。

・冠詞＋名詞
・形容詞＋名詞
・前置詞＋名詞（目的語）
・動詞＋名詞（目的語）
・副詞＋一般動詞
・be 動詞＋副詞

以上の基本的な語順に加えて、(1)の問題にあったような、〈-thing ＋形容詞〉といったイレギュラーなものもありますので、語順を意識して覚えていきましょう。

2 (1) I'm not certain about the information.

(2) They had a few days until the deadline.

(3) Do you have enough time to relax?

解説

(1) 〈解説〉与えられた2つの単語 certain about でできる「〜について確信をもつ」という意味のフレーズを活用して、文を作りましょう。certain は形容詞なので、その前には be 動詞を置きます。「確信がもてません」という現在形の否定文なので、主語 I「私」に続けて、I'm not certain about とします。文末に the information（その情報）を置いて完成です。

(2) 〈解説〉「彼らには〜ありました」は、与えられた単語 have を用いて They had 〜とします。「数日」は few を用いて a few days とすれば、They had a few days となり、文の骨格ができます。「数日ある」という表現なので、a few の a を忘れずに。その後に「締め切りまで」は until を用いて、until the deadline を置いて完成です。

(3) 〈解説〉「あなたは〜がありますか？」という文は、与えられた単語 have を用いて、Do you have 〜と表せます。「リラックスするのに十分な時間」は「十分な時間」→「リラックスするための」という語順で、enough time to relax とすれば OK です。to relax は不定詞と呼ばれる形で「〜すること」「〜するための」「〜するために」という意味を表すことができます。

3 I'm present in the online class now.

解説

〈解説〉現在、オンラインクラスに出席している様子を表します。「出席する」は与えられた単語 present を使って、I'm present と表せます。続けて「オンラインクラスに」は in the online class、文末に now「現在」を置けば完成です。present を使っという制限がなければ、「出席す

31

る」は，よりシンプルな be in を使って，I'm in the online class now. としたり，in を使わずに動詞 attend を使って，I'm attending the online class now. と表現したりすることもできます。

1 (1) ④ (2) ④ (3) ② (4) ② (5) ②

解説

(1) 〈訳〉あなたはこの質問に対する答えを簡単に見つけることができます。

〈解説〉空欄直前の助動詞 can「〜できる」と空欄直後の動詞 find「見つける」が正解への鍵。助動詞と動詞の間に置けるのは副詞だけなので，正解は副詞の④ easily「簡単に」です。多くの副詞の語尾は -ly なので副詞を見分ける際のヒントにしましょう。他の選択肢を見てみると，① ease は名詞で「容易さ」「気楽さ」または動詞で「和らぐ」，② easy は形容詞で「簡単な」，③ easier は形容詞 easy の比較級で「より簡単な」です。

(2) 〈訳〉残念ながら嵐のため，私たちのピクニックはキャンセルされました。

〈解説〉空欄の後に続く文脈が正解への鍵です。「嵐のためにピクニックがキャンセル」という残念な内容なので，文頭に置いて自然なのは，④ Unfortunately「残念ながら」で，これが正解です。このように文頭に副詞を置くことで，その後の内容についての話し手の気持ちを表すことができます。他の選択肢を見てみると，① Fortunate は形容詞で「幸運な」，② Fortunately は副詞で「幸運にも」，③ Unfortunate は形容詞で「不運な」「残念な」です。

(3) 〈訳〉ほとんどすべてのランナーは夏にサングラスをかけます。

〈解説〉空欄直後の名詞 runners を修飾する表現を選びます。almost は副詞で「ほとんど」という意味で，後ろに形容詞を置きます。よって正解は② Almost all「ほとんどすべての」です。Almost runners という誤りがよくある表現ですが almost は副詞なので名詞を修飾することはできません。後ろに複数名詞を置くときは Almost all をセットにして使うように意識しておきましょう。

(4) 〈訳〉私は以前にそのような感動的な映画を見たことがありません。

〈解説〉現在完了形の否定（haven't ＋過去分詞）〜 before「以前に〜をしたことがない」という文の形に注目します。この文脈で最も適切なのは，② such「そのような」で，これが正解です。現在完了の否定形と〈such a[an] ＋名詞〉という組み合わせで，未体験の出来事を少し誇張して表現できます。他の選択肢を見てみると，① so は直後に形容詞や副詞を置いて「とても」，③ enough は名詞の前または形容詞の後に置いて「十分な」，④ too は直後に形容詞や副詞を置いて「あまりに」「〜すぎる」です。単語の意味はもちろん，直前や直後にどの品詞を置くかもあわせて覚えておきましょう。

(5) 〈訳〉遠くから彼の声がほとんど聞こえませんでした。

〈解説〉空欄直前の助動詞 can の過去形 could「〜できた」と空欄直後の動詞 hear「聞こえる」の間に置けるのは副詞の② hardly「ほとんど〜ない」だけで，これが正解です。hardly には否定的な意味が含まれるので not は不要です。① hard は形容詞で「硬い」「難しい」，副詞で「懸命に」「激しく」など，hardly とは全く異なる意味を持つので注意が必要です。

2

(1) The lyrics of this song are easy enough to remember.

(2) He is going down the stairs fast now.

(3) It was so hot a day for the athletes yesterday.

解説

(1) 〈解説〉与えられた単語 lyrics は「歌詞」という意味なので，これを使って The lyrics of this song「この歌の歌詞」を主語にします。歌詞は「この歌の」と特定されているので，lyrics には定冠詞の the をつけます。lyrics は複数形なので，形容詞 easy「簡単な」の前に置く be 動詞は are です。形容詞の後ろに置いて「十分な」という意味を表す enough を続けて，最後に「覚

えるのに」を表す不定詞 to remember を置けば完成です。

(2) 〈解説〉「今」の動作を表す文なので，現在進行形（be 動詞＋現在分詞）を使いましょう。与えられた単語で go down the stairs「階段を下りる」と表せるので，これを当てはめて，He is going down the stairs とします。さらに fast「急いで」，now「今」を続ければ完成です。fast や now は副詞で，このように文末に置くことができます。

(3) 〈解説〉天候を表すときの主語は It を使います。「でした」という過去形なので，It was で文を始めます。「とても暑い日」を与えられた単語 so と a を用いて表すと，so hot a day という語順になります。続けて「その選手たちにとって」は与えられた単語を使って，for the athletes とし，最後に yesterday「昨日」を置いて完成です。

もっとくわしく

soとsuchの語順は微妙に異なる！

「とても」という意味をもつ副詞 so と，よく似た単語 such は後ろに単数名詞を置く場合，語順が微妙に異なります。so の場合は，〈so ＋形容詞＋ a ＋名詞〉というように冠詞 a が形容詞の後に来ます。such の場合は，〈such ＋ a ＋形容詞＋名詞〉というように，冠詞 a が形容詞の前に来ます。(3)の問題を例にとると，so hot a day と such a hot day となります。とても紛らわしいので，何度も音読や書き取りをして，定着させるのがおすすめです。

3

The children are singing cheerfully on the stage.

解説

〈解説〉与えられた単語 children「子どもたち」を主語にして，文を始めましょう。その際，イラストにある特定の子どもたちを指しているので，children には定冠詞 the をつけます。「〜している」という目の前の動作は現在進行形（be 動詞＋現在分詞）を使って，The children are singing とします。children は複数名詞なので，be 動詞は are となります。「元気に」という副詞

cheerfully と「ステージの上で」という on the stage を続けて完成です。

1 (1) ③ (2) ① (3) ④ (4) ③ (5) ①

解説

(1) 〈**訳**〉このカフェでは通常，10月にパンプキンパイを提供します。

〈**解説**〉空欄直後の名詞 October「10月」が最大のヒント。「月」の前に置く前置詞は③ in で，これが正解です。in は「月」以外にも「年」「場所」「乗り物」とともに使います。他の選択肢を見てみると，① at は「時刻」や「地点」，② on は「曜日」や「接着」するもの，④ to は「〜へ」という到達点を示すときに使います。

(2) 〈**訳**〉今年の年末までにその書類を提出してください。

〈**解説**〉空欄直後の the end of this year「今年の年末」とこの文の動詞 turn in「提出する」が正解への鍵です。「今年の年末までに提出する」という「期限」を示せるのは① by「までに」で，これが正解です。他の選択肢は，② until「〜まで」，③ with「〜とともに」，④ to「〜へ」です。特に「期限」の by と「期間」の until はしっかり区別しましょう。

(3) 〈**訳**〉この建物の後ろに大きなスーパーマーケットがあります。

〈**解説**〉建物の位置を表す文で，空欄直後の this building「この建物」と相性のいい前置詞を選びます。「この建物の後ろに」という表現になる④ behind「後ろに」が正解です。他の選択肢は，① above「上方に」，② below「下方に」，③ across「〜を渡って」で，どれもこの文には不適切です。文頭の There is 単数名詞 / There are 複数名詞は「〜がある」というフレーズです。

(4) 〈**訳**〉私たちは会議であなたの意見に反対しませんでした。

〈**解説**〉空欄直後の your opinion「あなたの意見」とともに用いて自然な文脈になるものを選びます。③ against には「〜に対して」「〜に反対する」という意味があり，「意見に反対する」と組

み合せることができます。よって，これが正解です。他の選択肢は，① of「〜の」，② off「〜から離れて」，④ through「〜を通って」という前置詞です。

(5) 〈訳〉限られた時間にもかかわらず，彼らは顧客からの要求にすべて応えました。
〈解説〉前半の内容と，後半の内容がつながる前置詞句を選びます。前半では「限られた時間」と述べられ，後半では「すべての要求に応えた」とあり，自然なつながりになる① In spite of「〜にもかかわらず」が正解です。他の選択肢は，② Because of「〜のため」，③ Instead of「〜の代わりに」，④ On behalf of「〜を代表して」で，どれもこの文には不適切です。

2

(1) The government will provide students with enough scholarships.

(2) The new system prevented its users from making simple mistakes.

(3) Please inform us of your current health status.

解説

(1) 〈解説〉与えられた単語 government「政府」を主語にして，provide「提供する」を動詞として使います。特定の政府を指した文と考えて，government には定冠詞の the をつけます。「提供するでしょう」という推定なので助動詞 will をつけて，The government will provide とします。provide は，〈provide 人 with もの〉という形をとるので，「人」の部分に students（学生）を，「もの」の部分には与えられた単語 scholarships「奨学金」を入れます。「十分な」enough は scholarships の前に入れて，provide students with enough scholarships とし，The government will の後に続ければ完成です。

(2) 〈解説〉与えられた単語 prevent「防ぐ」は，〈prevent 人 from ことがら〉という形をとるので，「人」の部分に users「ユーザー」を，「ことがら」の部分に making simple mistakes「単

純な間違いをすること」を入れましょう。動詞 prevent を過去形 prevented にし，users の前に，「その（システムの）ユーザー」ということを表す代名詞の所有格 its もつけ加えて，prevented its users from making simple mistakes とします。主語の The new system「新しいシステム」の後ろに続ければ，完成です。

(3) 〈解説〉与えられた単語 inform「知らせる」は，〈inform 人 of ことがら〉という形をとるので，「人」に us（私たち），「ことがら」に your current health status（あなたの現在の健康状態）を入れます。「お知らせください」という文なので，文頭に Please を置いて，inform us of your current health status と続ければ完成です。

もっとくわしく

動詞＋「人」＋前置詞をセットで覚える

上の問題(1)〈provide 人 with もの〉，(2)〈prevent 人 from ことがら〉，(3)〈inform 人 of ことがら〉などのように，英語には動詞の後ろに目的語として「人」を置き，それぞれ相性のいい前置詞をその後に置く場合が多数あります。動詞を意味だけではなく，その後に続く目的語や相性のいい前置詞もセットで覚えるようにしましょう。

3

The teacher is looking for his watch.

解説

〈解説〉与えられた単語 teacher「先生」を主語にして文を始めましょう。イラストの中の特定の「先生」なので，定冠詞 the をつけて The teacher とします。「探している」という進行中の動作を表す時は現在進行形（be動詞＋現在分詞）を使います。与えられた単語 look は for とあわせて「探す」という意味になるので，The teacher is looking for としましょう。先生は自分の腕時計を探しているので，与えられた単語 watch（腕時計）に代名詞の所有格 his をつけた his watch を続ければ，完成です。

復習テスト 7 （本文104～105ページ）

1 (1) ② (2) ① (3) ③ (4) ① (5) ②

解説

(1) 〈訳〉あのドラマを一度見たら，あの俳優を決して忘れないでしょう。

〈解説〉適切な接続詞を選ぶ問題です。その場合は，まず文の前半と後半の文脈を確認します。前半は「あのドラマを見る」で，後半は「その俳優を忘れないでしょう」という内容です。これらの内容をつないで最も自然な流れになるのは②Once「一度～したら」で，これが正解です。他の選択肢は，①Though「～ではあるが」，③Before「～する前に」，④For「～なので」です。

(2) 〈訳〉電車が止まらなければ，私は時間通りに空港に着きます。

〈解説〉これも適切な接続詞を選ぶために，文の前半と後半の文脈を確認します。前半は「電車が止まる」で，後半は「私は時間通りに空港に着くだろう」という内容です。これらの内容をつないで最も自然な流れになるのは①Unless「～しないなら」で，これが正解です。他の選択肢は，②Even though「たとえ～だとしても」，③As long as「～する限りは，～さえすれば，～するだけずっと」，④As far as「～する限りは，～（という遠いところ）まで」です。選択肢をひとつひとつ当てはめて，最も文脈にあうものを選びましょう。前の(1)でもこの問題でもメインの文は未来の文ですが，「～したら」「～しなければ」という従属節は現在形になっていることに注意しましょう。

(3) 〈訳〉彼は寝坊するのではないかと恐れて，いつもアラームをセットしています。

〈解説〉適切な接続詞句を選ぶ問題です。空欄の前後の内容を確認しましょう。空欄の前は「彼はいつもアラームをセットする」で，空欄の後は「彼は寝過ごす」という内容です。これらの内容をつないで最も自然な流れになるのは③for fear that「～することを恐れて」で，これが正解です。

空欄が文中にある場合には，空欄の後から前，という順で内容を確認すると，適切な文脈が読み取れます。他の選択肢は，①in order that「～するために」，②such that「～であるような」，④so that「～するように」です。

(4) 〈訳〉私たちは友達が来るときまでには駅に着いているでしょう。

〈解説〉この問題でも適切な接続詞（句）を選びます。空欄の前の内容は「私たちは駅に到着しているだろう」で，空欄の後は「私たちの友達が来る」です。空欄が文中にあるので，空欄の後ろから前の順で内容を確認して，最も自然な流れになるのは①by the time「～するときまでには」で，これが正解です。これは完了形とともに用いられることが多い接続詞句なので，空欄の前の動詞が未来完了形の will have arrived で「（未来のある時点ですでに）到着しているだろう」となっていることも大きなヒントになります。他の選択肢は，②since「～なので，～して以来（ずっと）」，③as「～なので，～のように，～のままに，～につれて，～している最中に，～だけども」，④because「～なので」です。

(5) 〈訳〉この本は読みにくかったですが，私は読み終えました。

〈解説〉適切な接続詞を選ぶために，文の前半と後半の内容を確認しましょう。前半は「この本は読みにくい」で，後半は「私は読み終えた」という内容です。これらの内容をつないで最も自然な流れになるのは②Although「～ではあるが」で，これが正解です。他の選択肢は，①If「もし～ならば」，③When「～するときに」，④After「～した後に」です。

もっとくわしく
さまざまな意味をもつas

(4)の問題の選択肢③で登場した as。接続詞では「～なので」「～のように」「～のままに」「～につれて」「～している最中に」「～だけども」と文脈に応じてさまざまな意味を表します。接続詞の as は後ろに〈主語＋動詞〉が続きますが，as は前置詞としての役割ももち，後ろに名詞を置くことができます。ただしそ

の場合は「〜として」というまた違う意味になります。なんと多様な意味をもつ，守備範囲の広い単語でしょう！　文中で as が登場したら，as に続く形と内容をしっかり見極めましょう。

2

(1) As far as we knew, he was the best leader on this team.

(2) Even if he were tired, he would keep practicing the piano.

(3) In case you forget my phone number, I will tell[give] you my email address.

解説

(1) 〈**解説**〉文の前半の「私たちが知る限り」は，与えられた単語 far を使って As far as we knew とします。文末が「〜でした」と過去形になっているので，動詞 know を過去形 knew にすることをお忘れなく。日本語同様，ここで内容が区切れるので，この後にカンマを置きます。文の後半は，「彼は」→「〜だった」→「最高のリーダー」→「このチームで」という語順にして，he was the best leader on this team とします。

(2) 〈**解説**〉文の前半の「たとえ疲れていても」は，与えられた単語 even を含む Even if で表せます。文後半に登場する主語「彼は」の he を使って Even if he were tired となります。現在の事実と異なる「仮定法過去」という形を作る場合，if 節の中で使う be 動詞はどんな主語が来ても were とするのが通例です。tired の後にはカンマを置き，後半の文を続けます。「仮定法過去」の主節（if 節ではない主語と動詞を含むカタマリ）では，助動詞 would をつけます。「彼はピアノの練習を続けるでしょう」は he would keep practicing the piano と表せます。「〜し続ける」は keep + -ing で表し，楽器「ピアノ」の前には定冠詞 the をつけます。

(3) 〈**解説**〉文の前半の「あなたが私の電話番号を忘れた場合に備えて」は，与えられた単語 case を使って，in case「〜した場合に備えて」とい

うフレーズで表現できます。英文にするときには，「〜した場合に備えて」→「あなたが」→「忘れる」→「私の電話番号を」という語順に組み替えて，In case you forget my phone number と表します。この後にカンマを置き，後半を続けます。「メールアドレスをお伝えします」は主語に I（私），「伝えます」というのは，これからすることなので，動詞の前に未来を表す助動詞 will を置いて，I will tell[give] you としましょう。「メールアドレス」の前には代名詞の所有格 my「私の」を補い my email address. とします。

3

Every morning, I eat breakfast after I wash my face.

解説

〈**解説**〉与えられた単語 morning を使って，Every morning「毎朝」というフレーズを文頭に置き，カンマで区切ります。英語では「朝ごはんを食べる」→「洗顔した後」という語順にするのが自然なので，I eat breakfast after I wash my face. とします。このように「習慣」を表すときは，eat や wash というように動詞の現在形を用います。また名詞 face「顔」の前に，代名詞の所有格 my「私の」を補うことも忘れずに。every morning は文末に置いても OK です。

1

(1) ① (2) ④ (3) ① (4) ① (5) ②

解説

(1) 〈訳〉すべての参加者が彼の提案に賛成だったわけではありません。

〈解説〉空欄の直前に Not，直後に the participants という〈冠詞＋複数名詞〉があるのが正解への鍵です。この時点で，直後に冠詞なしの単数名詞を置く② every「すべての」は除外されます。残る選択肢はどれも not と組み合わせて否定表現をつくることができますが，not always「いつも〜というわけではない」と not necessarily「必ずしも〜ではない，〜とは限らない」はどちらも前に be 動詞，または後ろに一般動詞を置くので，③ always と④ necessarily も除外されます。よって① all が正解です。not all で「すべてが〜というわけではない」という意味を表します。

(2) 〈訳〉彼女は韓国に行くとは夢にも思いませんでした。

〈解説〉空欄の直後に助動詞 did があるのがポイントです。否定語を文頭に置いた倒置が起きていると考えます。この文脈に合うのは「まったく〜しない」という意味をもつ① Never で，これが正解です。他の選択肢を見てみると，① None は「誰も〜ない」または〈none of the 複数名詞〉で「どの〜もない」となります。② Any は「どんな〜でも」で，③ At all は not の後ろに置いて「まったく〜ない」という意味になります。

(3) 〈訳〉その状況は平和とはほど遠いものでした。

〈解説〉空欄直前に far があるのが正解への鍵。far の後ろに置いて「〜からほど遠い」「決して〜ではない」という意味を表せる① from が正解です。他の選択肢を見ておきましょう。② to は「〜へ」「〜に」という意味の前置詞です。③ but は接続詞だと「しかし」，前置詞だと「〜を除いて」という意味をもちます。④ of は「〜の」という意味の前置詞です。

(4) 〈訳〉彼らはまだ宿題を終えていません。

〈解説〉空欄が have と to に挟まれているのがポイントです。have yet to do で「まだ〜していない」という意味が表せる① yet が正解です。他の選択肢を見ておきましょう。② anything は肯定文で「何でも」，否定文で「何も（〜ない）」，疑問文で「何か」という意味を表します。③ free は形容詞で「自由な」「無料の」，④ but は接続詞だと「しかし」，前置詞だと「〜を除いて」という意味をもちます。

(5) 〈訳〉「今日は外出しません」「私も（外出しません）」

〈解説〉1 文目が won't = will not を含む否定文で，その返答として「私も（〜しない）」と返答するときは，〈Neither ＋助動詞＋主語.〉という形をとります。よって，② Neither が正解です。① So も同じように，〈So ＋助動詞＋主語.〉という形をとりますが，肯定文への返答のときに使います。他の選択肢を見ておきましょう。③ None は「誰も〜ない」または〈none of the 複数名詞〉で「どの〜もない」で，④ Little は，文頭に置いて，〈助動詞＋主語＋動詞〉を続ける倒置の形をとって「ほとんど〜しない」という意味を表します。

もっとくわしく

not at all のもうひとつの意味

(2)の問題の選択肢③に登場した at all。not とともに用いて「全く〜ない」という意味になります。否定の意味を強調することができ，not を含む否定文の文末に置くこともよくあります。ただ，会話の中で，Not at all. とひとつづきのフレーズとして使われると，Thank you. などのお礼の返事として「どういたしまして」という意味も表せます。おなじみのフレーズ You're welcome. の言い換えとして，覚えておきましょう。

2

(1) When (I'm) sleepy, I take a nap on the sofa.

(2) Their team scored eight points, and our team only two.

(3) Little did I know that she was
    such a famous actress.

解説

⑴ 〈解説〉「眠いとき」は接続詞 when を使って，When I'm sleepy とします。when の後に主語と be 動詞があり，主節の主語と同じときは省略ができるので，When sleepy としても OK です。カンマで区切った後，「ソファでお昼寝をする」を「お昼寝をする」→「ソファで」の語順にして，I take a nap on the sofa. とすれば完成です。take a nap は「昼寝をする」という熟語です。When I'm sleepy を文末に置いて，I take a nap on the sofa when (I'm) sleepy. としても OK です。

⑵ 〈解説〉文の前半は，主語に Their team「彼らのチーム」，動詞に与えられた単語 score「（得点）を獲得する」の過去形 scored を使って，Their team scored eight points とします。その後ろにカンマと接続詞 and「そして」を置いて，文の後半を続けます。「得点を獲得する」という部分が前半と重複するので，our team (scored) only two (points) とカッコ内の単語を省略して書くことができます。

⑶ 〈解説〉与えられた単語の中に，did があることに注目しましょう。little は，文頭に置いて，〈助動詞＋主語＋動詞〉を続ける倒置の形をとって「ほとんど〜しない」という意味を表します。よって「私はほとんど知りませんでした」の部分を Little did I know と表すことができます。もうひとつの与えられた単語 such を使って，「そんなに有名な女優」を such a famous actress とします。know の後ろに，「〜ということ」という意味になる接続詞 that を置いて，she was such a famous actress. とすれば，完成です。

3 None of the students in this
   class failed the test.

解説

〈解説〉与えられた単語 none を使って「このクラスの生徒は誰も〜しない」ということが表せます。前置詞 of を伴って，None of the students in this class となります。これを主語にして，動詞は与えられた単語 fail「失敗する」の過去形 failed，最後に the test「そのテスト」を続ければ完成です。